En couverture :

Dessin de Corinne VENOT, d'après une figurine yoruba du Nigéria représentant un couple d'Edan (Musée des Arts Africains et Océaniens, n° M.N.A.N. 69.8.1).

ETUDES GULMANCE
(Haute-Volta)

SOCIÉTÉ D'ÉTUDES LINGUISTIQUES ET ANTHROPOLOGIQUES DE FRANCE
75-76

Bernard SURUGUE

ETUDES GULMANCE
(Haute-Volta)
Phonologie, Classes nominales, Lexiques

Publié avec le concours du
CENTRE NATIONAL DE LA RECHERCHE SCIENTIFIQUE
1979

ISBN 2-85297-054-6

RÉSUMÉS

Bernard SURUGUE - Etudes gulmance (Haute-Volta), Phonologie, Classes nominales, Lexiques gulmance-français, français-gulmance.
1979, PARIS, SELAF (Bibliothèque 75-76).

Le gulmance est une langue voltaïque parlée dans la zone est et sud-est de la République de Haute-Volta avec des extensions au nord du Togo, au nord du Dahomey et au Niger sur la rive droite du fleuve. Le nombre de locuteurs gulmance en Haute-Volta est d'environ 214.000 personnes.

Le gulmance appartient, selon la classification de J. GREENBERG, au groupe des langues gur ou voltaïques dans la famille Niger-Congo (I. A.3).

L'étude présentée ici porte sur le gulmance parlé à l'est de la Haute-Volta dans la région de Botou. L'auteur expose, tout d'abord, le système phonologique de la langue : les tonèmes et les phonèmes du gulmance (voyelles, consonnes) sont inventoriés et définis ; puis sont données des indications concernant les fréquences d'apparition de chacun de ces éléments dans le lexique et leurs possibilités de combinaisons entre eux. Ensuite le système des classes nominales est dégagé et commenté. L'ouvrage est complété par deux lexiques, l'un gulmance-français, l'autre français-gulmance qui fournissent la base du corpus à partir duquel s'est effectuée l'analyse. Les termes du lexique, transcrits phonologiquement sont accompagnés de leur forme structurelle et de leurs indices de classe quand il y a lieu.

Bernard SURUGUE - Studies in Gulmance (Upper Volta) : Phonology, Noun Classes, Gulmance-French and French-Gulmance Vocabularies.
1979, PARIS, SELAF (Bibliothèque 75-76)

Gulmance is a Voltaic language spoken in the east and southeast of the Republic of Upper Volta, in the north of Togo and Dahomey and in the Niger Republic on the right bank of the river. There are about 214,000 Gulmance speakers in Upper Volta.

Gulmance belongs to the Gur or Voltaic language group (I.A.3) of the Niger-Congo family in J. Greenberg's classification.

This work is a study of the Gulmance dialect spoken in the Botu region in the east of Upper Volta. The author first exposes the phonology of the language : its phonemes (vowels and consonants) and tonemes are listed and defined. Indications follow concerning the frequency of these elements in the lexicon and their combining possibilities. The noun class system is then defined and discussed. The work concludes with a Gulmance-French and a French-Gulmance vocabulary, containing the corpus of data on which the preceding analyses are based. The vocabulary entries are phonologically transcribed, and are accompanied, when necessary, by their structural forms and an indication of their class.

Bernard SURUGUE - Estudios sobre el gulmance. Fonologia, Clases nominales, Léxicos gulmance-francés, francés-gulmance.
1979, PARIS, SELAF (Biblioteca 75-76).

El gulmance es una lengua voltaica hablada en la zona este y sureste de la República de Alto Volta y con ramificaciones en el norte del Togo, en el norte de Dahomey y en Niger, en la margen derecha del río. Alrededor de 214.000 personas hablan el gulmance en Alto Volta.

El gulmance pertenece, selon la clasificación de J. GREENBERG, al grupo de las lenguas gur o voltaicas de la familia Niger-Congo (I. A.3).

El estudio aquí presentado se refiere al gulmance hablado al este de la Alto Volta, en la región de Botou. El autor expone, primeramente, el sistema fonológico de la lengua : los tonemas y los fonemas del gulmance (vocales, consonantes) son inventariados y definidos ; luego, se dan indicaciones sobre las frecuencias con que aparecen cada uno de esos elementos en el léxico y sobre las posibilidades de combinación entre ellos. Se despeja y comenta en seguida el sistema de las clases nominalès. Dos léxicos completan la obra : gulmance-francés y francés-gulmance. Ambos constituyen la base del corpus utilizado para efectuar el análisis. Los términos del léxico, transcritos fonológicamente, han sido acompañados de su forma estructural y de sus índices de classe, cuando es el caso.

Бэрнар СЮРЮГ - Изучение языка гульманче (Верхняя Вольта). Фонология, именные классы, гульманче-французская, французско - гульманче лексики.
1979, Paris, SELAF (Bibliothèque 75-76)

Язык гульманче - вольтский язык, говоренный в востоке и юго-востоке Республики Верхней Вольты и на севере Того, Дагомеи и в Нигере на правом берегу реки. Около 214 000 человек говорят на языке гульманче в Верхней Вольте.

Язык гульманче принадлежит по классификации Ж.Гринбэрга группе языков гур или вольтских в семье Нигер-Конго (I. A.3).

Данное исследование относится к языку гульманче на котором говорят на востоке Верхней Вольты в области села Боту. Автор излагает во первых фонологическую систему : даются инвентарь и описание тонем и фонем языка гульманче (гласные, согласные), потом указания на их частоты в лексике и на возможности комбинаций фонем. Затем определяется и обсуждается система именных классов. Две лексики, одна гульманче-французская, другая французско-гульманче дополняют эту работу и составляют материалы на основе которых проводится анализ. Лексические единства даются в фонологической транскрипции с структуральной формой и показателями классов если это нужно.

ETUDES GULMANCE
(Haute-Volta)
Phonologie, Classes nominales, Lexiques

SOMMAIRE

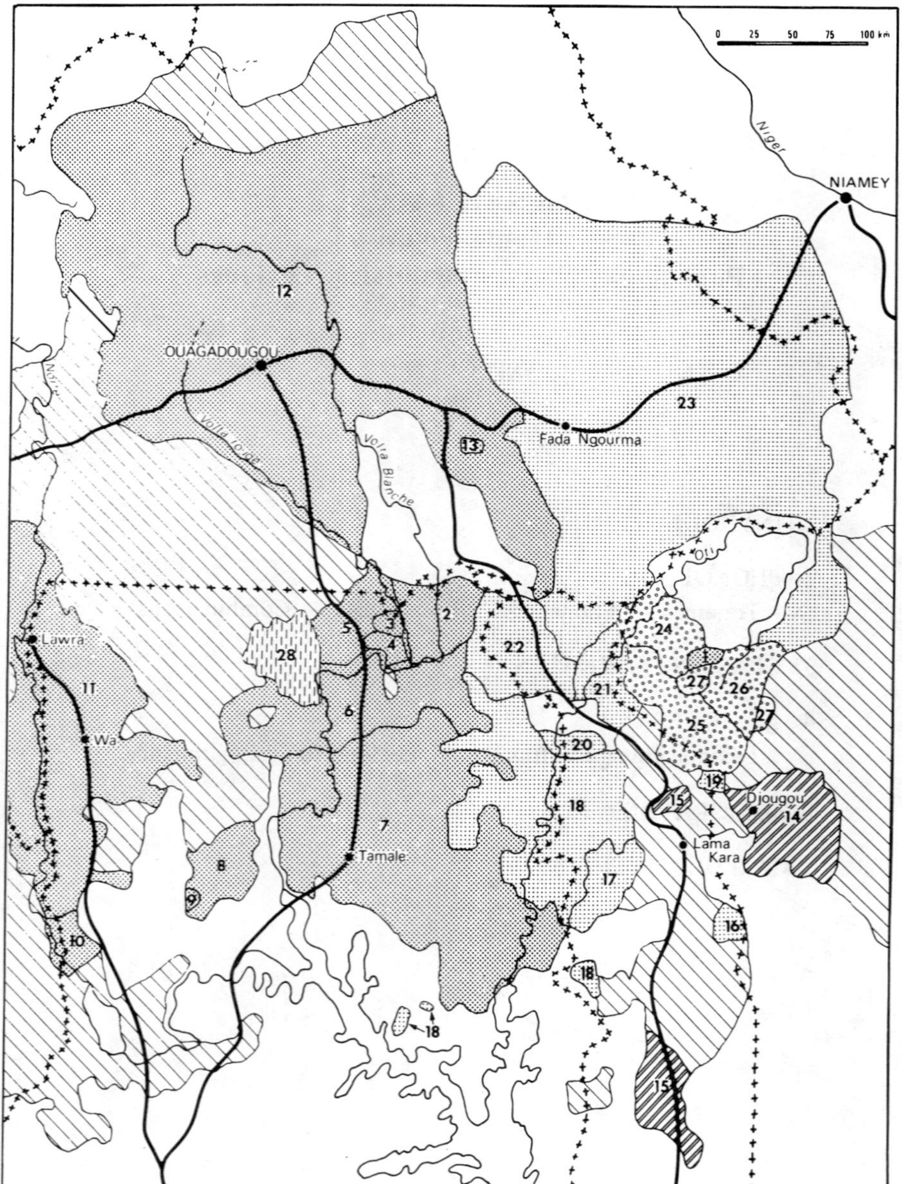
0 25 50 75 100 km
Niger
NIAMEY
12
OUAGADOUGOU
23
Fada Ngourma
13
Volta Blanche
Volta rouge
2
3
4
5
28
6
22
24
27
26
27
21
25
20
19
Lawra
11
Wa
8
9
10
7
Tamale
18
17
15
Djougou
14
Lama Kara
16
18
18
15
Oti

LES LANGUES OTI-VOLTA

Langues Oti-Volta : groupe occidental

1 - bulba	8 - hanga
2 - kusa:l	9 - kamara
3 - nabte	10 - safalaba
4 - talne	11 - dagara
5 - gurenne	12 - mo:re
6 - mampelle	13 - gyo:re
7 - dagbane	

Langues Oti-Volta : groupe yom-naudem

14 - yom	15 - naudem

Langues Oti-Volta : groupe gurma

16 - kasele	20 - mi gangam
17 - tobote	21 - dye
18 - konkomba	22 - moba
19 - soruba	23 - gourmantché

Langues Oti-Volta : groupe oriental

24 - bieri	26 - wama
25 - tãmari	27 - tayari

Langues Oti-Volta : 28 - buli

Langues voltaïques

—— routes principales

++++ frontières

Carte reproduite de :

Gabriel MANESSY, 1976, *Les langues oti-volta*, Paris, SELAF (Tradition Orale 15).

1. INTRODUCTION

C'est au Niger, au cours d'une mission musicologique, d'août à septembre 1969, que cette modeste enquête linguistique a été effectuée.

Convaincu, sur le plan théorique, que les méthodes modernes de description des langues permettent d'envisager des applications pour décrire des formes de communications plus complexes telle que la musique, je tins à me familiariser avec l'exercice pratique de l'enquête purement linguistique. Il s'agit donc d'une simple contribution à l'étude d'une langue dont bien des aspects fort complexes ne sont pas abordés ici.

Le manuscrit est resté en sommeil une dizaine d'années. L'enquête devait se limiter à l'analyse phonologique du gulmance parlé à Botou, mais il a semblé préférable de présenter également une hypothèse concernant le système des classes d'accord qui régit le nominal ainsi qu'un lexique à double entrée gulmance-français et français-gulmance.

Ainsi le lecteur disposera-t-il des éléments nécessaires à l'interprétation présentée.

Le programme de cette mission étant à l'origine exclusivement orienté vers les recherches musicologiques que nous poursuivions en pays songhay et zarma, c'est un problème de musicologie qui nous a conduit à la pratique de la linguistique ; ce problème n'est autre que celui de dégager, comme le linguiste sait le faire pour la langue, les unités distinctives qui président à l'organisation mélodique et rythmique, spatiale et temporelle de la musique, toutes tâches où le musicologue ne s'avance encore qu'à tâtons. Il n'entre pas dans notre propos de développer ce point dans ces pages-ci, mais comme nous mettons en parallèle musicologie et linguistique, il importe de préciser au lecteur qu'une différenciation fondamentale opère à la base même des objets relevant respectivement de ces deux disciplines.

L'objet linguistique a une double articulation signifiant/signifié où la face signifiée n'est pas ambigüe ; elle est donc opérationnelle ; la double articulation de l'objet musicologique a une face signifiée difficilement quantifiable, au moins au premier degré.

Au cours de ce séjour, devant les difficultés rencontrées au niveau de la saisie de données musicologiques, avec l'aide de l'informateur-musicien, nous avons ressenti le grand intérêt qu'offrirait pour nous une pratique de l'analyse linguistique distributionnelle. C'est ainsi que nous fondant sur les enseignements de Jacqueline THOMAS et sur ses conseils, nous avons entrepris, en plus de notre programme de travail déjà chargé, l'analyse phonologique du gulmance.

CLASSIFICATION DU GULMANCE

Selon D.WESTERMANN , le gulmance serait parlé en Haute-Volta à Dori, Fada, Ouagadougou, Kaya, N'Gurma, Say; au Dahomey à Atacora , Djougou et au Togo à Dapango, Pana.

D. WESTERMANN classe le gulmance dans les langues gur :

larger unit
1) senufo
2) kulango
3) lobi-dogon
4) grusi
5) mosi
6) gurma
7) tem
8) bargu

single unit
1) gurma
2) kasele
3) konkomba
4) moba

Pour J. GREENBERG, les langues gur relèvent de la famille Niger-Congo 1. où le groupe gur 1.3. comprend les sous-groupes :

a) senufo
b) lobi-dogon
c) grusi
d) mossi
e) tem
f) bargu
g) gurma, tobote, kasele, moba

G. MANESSY, dans une classification à la fois plus récente et plus fouillée, situe le gourmantché, dans le groupe gurma des langues Oti-Volta de la famille voltaïque :

- Voltaïque :
  - senoufo
  - wara-natyoro
  - kirma-tyurama
  - tusyã
  - viemo
  - doghosye-gã
  - bwamu
  - lobi-dyã
  - kulango
  - gurunsi
  - kurumfe
  - oti-volta
  - bariba

- Oti-volta :
  - groupe occidental
  - groupe yom-naudem
  - groupe gurma
  - groupe oriental
  - buli

- Groupe gurma :
  - kasele
  - tobote
  - konkomba
  - soruba
  - mi gangam
  - dye
  - moba
  - gourmantché

Les matériaux de notre étude ont été recueillis avec la collaboration de Marcel LOMPO, né en 1946, originaire de Botou ; ils ont été complétés à Paris avec un étudiant voltaïque, Grégoire OUABA, né en 1945.

Tous deux ont fait preuve d'un intérêt manifeste pour cette enquête et surtout d'une grande patience ; qu'ils en soient chaleureusement remerciés ici.

Mes remerciements vont aussi à Luc BOUQUIAUX et à Jacqueline THOMAS qui sont à l'origine de ma formation de linguiste et qui m'ont toujours encouragé et guidé dans mes recherches.

2. PHONOLOGIE

Nous avons effectué l'analyse phonologique à partir du radical en tenant compte chaque fois de son environnement suffixal. Bien entendu, nous avons pour cela été contraint de délimiter les sutures morphologiques de chacun des termes de notre lexique, c'est-à-dire d'anticiper sur l'analyse morphologique. Dans la partie "classes d'accord et classes nominales", nous exposons ce dernier point. Pour faciliter la lecture de l'analyse phonologique, il suffit de considérer le tiret comme la marque d'une suture morphologique de deux monèmes : en général un radical et son suffixe de classe (R - SN = syntagme nécessaire).

Après l'analyse phonologique de chaque tonème et de chaque phonème, nous présentons un tableau comportant les différentes fréquences d'apparition exprimées en pourcentages.

Les calculs n'ont pu être effectués que dans les limites du lexique ; il eût été utile de pratiquer le même examen conjointement dans des textes ; malheureusement, les conditions de l'enquête n'ont pas permis de recueillir convenablement un échantillonnage caractéristique de la tradition orale gulmance.

Nous avons relevé les chiffres en fonction de l'environnement du tonème ou du phonème considéré :

- pour les tons et les voyelles, selon que le radical monosyllabique est ouvert CV - ou fermé CVC -,
- pour les consonnes, selon que l'on considère le phonème à l'initiale ou à la finale.

Pour les calculs des fréquences d'apparition des tons et des voyelles, nous considérons successivement la fréquence d'apparition :

- dans le cadre CV-, où le premier chiffre indique le pourcentage associé au ton ou à la voyelle, considéré relativement à tous les tons ou à toutes les voyelles relevés dans ce cadre seulement et où le deuxième chiffre indique le pourcentage associé au ton ou à la voyelle, considéré relativement à tous les tons ou à toutes les voyelles relevés dans le cadre CV- et dans le cadre CVC-. Le chiffre placé en-dessous donne la fréquence d'apparition moyenne du ton ou de la voyelle en question, dans le cadre CV- et dans ce cadre seulement.

- dans le cadre CVC-, où le premier chiffre indique le pourcentage associé au ton ou à la voyelle considéré relativement à tous les tons ou à toutes les voyelles relevés dans ce cadre seulement et où le deuxième chiffre indique le pourcentage associé au ton ou à la voyelle considéré relativement à tous les tons ou toutes les voyelles relevés dans le cadre CVC- et dans le cadre CV-. Le chiffre placé en-dessous donne la fréquence d'apparition moyenne du ton ou de la voyelle en question, dans le cadre CVC- et dans ce cadre seulement.
- dans le cadre CV- et dans le cadre CVC-, où le chiffre exprimé également en pourcentage représente la moyenne pondérée de la fréquence d'apparition du ton ou de la voyelle en question, considéré dans l'ensemble du corpus.

Pour les calculs des fréquences d'apparition des consonnes, nous considérons successivement la fréquence d'apparition :

- à l'initiale, où le premier chiffre indique le pourcentage associé à la consonne considérée relativement à toutes les consonnes relevées dans ce cadre seulement (à l'initiale) et où le deuxième chiffre indique le pourcentage associé à la consonne considérée relativement à toutes les consonnes relevées dans le cadre de l'initiale et dans le cadre de la finale. Le chiffre placé en-dessous donne la fréquence d'apparition moyenne de la consonne en question dans le cadre de la finale et dans ce cadre seulement.
- à la finale, où le premier chiffre indique le pourcentage associé à la consonne considérée relativement à toutes les consonnes relevées dans ce cadre seulement (à la finale) et où le deuxième chiffre, en italique, indique le pourcentage associé à la consonne considérée relativement à toutes les consonnes relevées dans le cadre de l'initiale et de la finale. Le chiffre en-dessous donne la fréquence d'apparition moyenne de la consonne en question dans le cadre de la finale et dans ce cadre seulement.
- à l'initiale et à la finale, où le chiffre exprimé également en pourcentage représente la moyenne pondérée de la fréquence d'apparition de la consonne en question, considérée dans l'ensemble du corpus.

Les tonèmes

2.1. Le gulmance est une langue à tons qui distingue trois niveaux pertinents : haut, moyen et bas. Toutes les combinaisons constituant des tons modulés sont réalisées, mais seules les combinaisons bas-haut et haut-bas sont phonologiquement pertinentes. Les réalisations bas-moyen et moyen-haut sont deux variantes du même tonème montant bas-haut ; les réalisations haut-moyen et moyen-bas sont deux variantes du même tonème descendant haut-bas.

2.2. Les tons affectent les voyelles et la nasale syllabique n, modalité personnelle 1ère personne, réalisée labiale devant les labiales p, b et f, et dentale dans les autres cas :

Exemples :	ń bà	[ḿ bà]	"je vais"
	ń pwá	[ḿ pwá]	"j'ai frappé"
	ǹ dèn-ī	[ǹ dɛ̀nī]	"ma maison"
	ń swà	[ń swà]	"j'ai trouvé"

La nasale syllabique est considérée dans ce cas comme étant en fonction vocalique.

2.3. Les tons ont été identifiés par leur valeur distinctive. Nous avons ainsi dénombré cinq tonèmes :

Tonème bas : v̀

L'identité phonologique du tonème bas ressort des rapprochements suivants :

V̀/V́

bì:g-lì	"épreuve"	bí:g-lì	"obscurité"
yè	"habille-toi !"	yé	"existe !"

V̀/V̄

là	"ris !"	lā	"vois !"
kí bà	"gagner"	kí bā	"tomber"

V̀/V̂

kí jè	"manger"	kí jê	"craindre"
kí nà	"sortir"	kí nâ	"nier"

V̀/V̌

pà	"donne"	pǎ	"fort"
ō dà	"il est pareil"	ō pǎ	"il a acheté"

Phonétiquement :

Ce tonème est réalisé comme un ton simple à registre bas. On constate, comme pour ses partenaires haut et moyen, que sa hauteur est relative : son caractère bas est cependant assez facilement identifiable, encore qu'il ait fallu placer le ton en question dans un environnement de tons contrastifs, pour le définir dans certains cas litigieux. Le ton bas se situe sensiblement à une tierce du ton haut et à une seconde inférieure du ton moyen, soit :

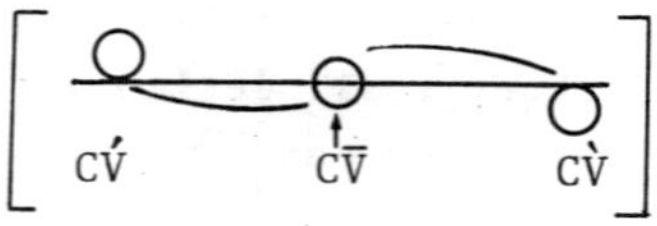

Phonologiquement :

On le définit et on le classe comme :

- structure : simple
- degré : bas

V̀	CV-		CVC-		moyenne pondérée
Fréquence d'apparition dans le lexique	44, 3 %	19, 1 %	32, 1 %	18, 3 %	38 %
	42, 3 %		33, 6 %		38 %

2.4. Tonème moyen : V̄

L'identité phonologique du tonème moyen ressort des rapprochements suivants :

V̄/V́

nwā-gù	"vert"	nwá-gù	"intestin"
ō sāgā	"il est blessé"	ō ságá	"il a déplacé"

V̄/V̀

déjà envisagés à propos de V̀

V̄/V̂

cā-lì	"jarre"	câ-lì	"puits"
gbān-lì	"clairière"	gbân-lì	"carapace"

V̄/V̌

ō sī	"il a touché"	ō sǐ	"il a vomi"
yā	"si + *affirmation* "	yǎ	"si + *négation* "

Phonétiquement :

Ce tonème est réalisé comme un ton simple à registre moyen. On constate, comme pour son partenaire haut, que sa hauteur est relative. Son caractère moyen est défini dans un environnement précédant ou suivant des tons contrastifs (entre un ton bas et un ton haut par exemple). Le ton moyen est, quant à sa hauteur, plus proche du ton haut que du ton bas. Il se situe sensiblement à une seconde inférieure du tonème haut et à une tierce augmentée supérieure du ton bas.

Phonologiquement :

On le définit et on le classe comme :

- structure : simple
- degré : moyen

V̄	CV-		CVC-		moyenne pondérée
Fréquence d'apparition dans le lexique	8, 5 %	3, 6 %	12, 1 %	6, 9 %	10, 4 %
	8, 1 %		12, 7 %		10, 4 %

2.5. **Tonème haut : V́**

L'identité phonologique du tonème haut ressort des rapprochements suivants :

V́/V̀

déjà envisagés à propos de V̀

V́/V̄

déjà envisagés à propos de V̄

V́/V̂

lán-bù	"langue"	lân-bù	"bruit"
yé	"existe !"	yê	"refuse !"

V́/V̌

ná	"combien"	nǎ	"abandonne !"
wá	"petit"	wǎ	"c'est petit"

Phonétiquement :

Ce tonème est réalisé comme un ton simple à registre haut. En isolation il est souvent difficile de définir son caractère haut ; c'est dans un environnement précédant ou suivant des tons contrastifs que l'identification des tons ponctuels a pu être effectuée. On constate, en effet, que ce n'est pas la hauteur absolue d'un son vocalique qui permet de distinguer deux termes de structure phonématique identique, mais bien la différence de hauteur des deux sons en question, c'est-à-dire leur hauteur relative. Ainsi un ton haut peut, dans la chaîne parlée, être réalisé à la même hauteur qu'un ton bas non contrastif (par rapport à ce ton haut) et réciproquement ; les mêmes types de confusion sont possibles pour les trois tons simples de la langue. A l'intérieur d'un même énoncé le registre de référence est pratiquement stable ; ce n'est pas le cas lorsque l'analyse opère sur plusieurs énoncés.

Exemple :

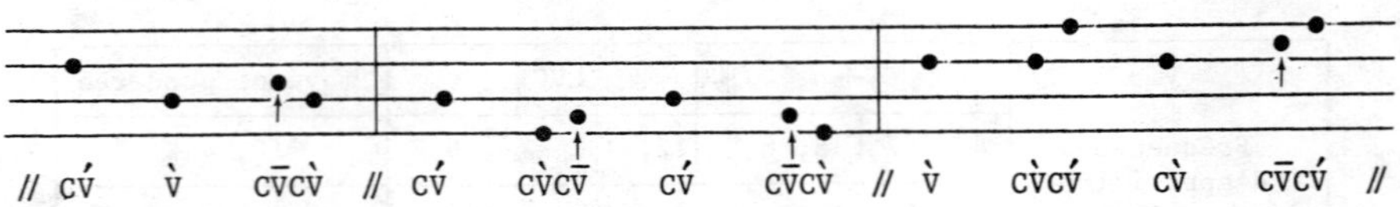

Le ton haut se situe sensiblement à une tierce supérieure du ton bas et à une seconde diminuée supérieure de son homologue moyen.

Phonologiquement :

On le définit et on le classe comme :

- structure : simple
- degré : haut

V́	CV-		CVC-		moyenne pondérée
Fréquence d'apparition dans le lexique	21, 7 %	9, 3 %	23, 6 %	13, 4 %	22, 7 %
	20, 7 %		24, 7 %		22, 7 %

2.6. Tonème montant : V̌

L'identité phonologique du tonème montant ressort des rapprochements effectués à propos de V́, V̄, V̀ et de :

V̌/V̂

ō bǎ "il est tombé" ō bâ "il a gagné"

(ō) pěndì "il a dépassé" (kí) pêndì "dépasser"

Phonétiquement :

Ce phonème est réalisé comme un ton composé bas-haut, à registre montant. Lorsqu'il est précédé d'un ton moyen, d'un ton haut ou d'un ton montant, il est réalisé comme un ton composé moyen-haut et lorsqu'il est suivi d'un ton bas ou d'un ton moyen il est réalisé comme un ton composé bas-moyen (aucune succession de tons montants n'est attestée dans le cadre de notre corpus).

Exemples :

- + ˇ	dālěnkúlì	[dālɛ́ŋkúlì]	"toujours"
ˏ + ˇ	kí pǎ,	[kípa̋]	"payer"
ˇ + ˇ (+ ˇ)	non attesté		
ˇ + ˋ	kǎndì	[ka̖ndì]	"(il) a escaladé"
ˇ + -	tǎn.gūn-bì	[ta̖ngūmbì]	"maniocs"

C'est moins un écart de deux hauteurs (degrés) propres, qu'une hauteur (un ton bas en l'occurrence) croissante, qui caractérise le ton montant ; c'est-à-dire une hauteur discontinue.

Phonologiquement :

On le définit et on le classe comme :

- structure : composé
- degré : montant

<table>
<tr><td>V̌</td><td colspan="2">CV-</td><td colspan="2">CVC-</td><td>moyenne pondérée</td></tr>
<tr><td rowspan="2">Fréquence d'apparition dans le lexique</td><td>2, 8 %</td><td>1, 2 %</td><td>2, 8 %</td><td>1, 6 %</td><td>2, 8 %</td></tr>
<tr><td colspan="2">2, 7 %</td><td colspan="2">2, 9 %</td><td>2, 8 %</td></tr>
</table>

2.7. Tonème descendant : V̂

L'identité phonologique du tonème descendant ressort des rapprochements effectués à propos de V́, V̄, V̀ et V̌.

Phonétiquement :

Ce tonème est réalisé comme un ton composé haut-bas, à registre descendant. Lorsqu'il est précédé d'un ton bas, d'un ton moyen ou d'un ton descendant, il est réalisé comme un ton composé moyen-bas et lorsqu'il est suivi d'un ton haut, d'un ton moyen, d'un ton descendant il est réalisé comme un ton composé haut-moyen.

Exemples :

ˋ + ˆ	ù pyê-mù	[ùpyêmù]	"la flèche"
- + ˆ	ō bâ	[ō bâ]	"il a gagné"
ˆ + ˆ (+ˆ)	twâd.bân-bà	[twâdbâmbà]	"beau-père"
ˆ + ˊ	bâ.dó-gù	[bâdɔ́gù]	"village du père"
ˆ + -	sân.bī.lī-gà	[sâmbīlīɣà]	"sentier"

C'est moins un écart de deux hauteurs propres, qu'une hauteur (un ton haut en l'occurrence) décroissante, qui caractérise le ton descendant.

Phonologiquement :

On le définit et on le classe comme :

- structure : composé
- degré : descendant.

$\hat{V}$	CV-		CVC-		moyenne pondérée
Fréquence d'apparition dans le lexique	22, 6 %	9, 7 %	29, 3 %	16, 7 %	26, 1 %
	21, 5 %		30, 7 %		26, 1 %

2.8. Définition des tons

Le système tonématique du gulmance comporte trois tonèmes simples et deux tonèmes composés, définis comme suit :

Simples :	/$\grave{V}$/	simple bas	$\grave{V}/\hat{V}$, $\check{V}$ $\grave{V}/\bar{V}$, $\acute{V}$
	/$\bar{V}$/	simple moyen	$\bar{V}/\hat{V}$, $\check{V}$ $\bar{V}/\grave{V}$, $\acute{V}$
	/$\acute{V}$/	simple haut	$\acute{V}/\hat{V}$, $\check{V}$ $\acute{V}/\grave{V}$, $\bar{V}$
Composés :	/$\check{V}$/	composé montant	$\check{V}/\grave{V}$, $\bar{V}$, $\acute{V}$ $\check{V}/\hat{V}$
	/$\hat{V}$/	composé descendant	$\hat{V}/\grave{V}$, $\bar{V}$, $\acute{V}$ $\hat{V}/\check{V}$

2.9. Classement des tonèmes

En groupant les tons caractérisés par un trait pertinent commun, on distingue :

Tons simples :

trois degrés continus :
1. bas : V̀
2. moyen : V̄
3. haut : V́

Tons composés :

deux degrés discontinus :
1. montant : V̌
2. descendant : V̂

qui nous permettent d'établir les tableaux suivants :

tons simples	degrés continus
bas moyen haut	1. : V̀ 2. : V̄ 3. : V́

tons composés	degrés discontinus
montant descendant	1. : V̌ 2. : V̂

Fréquences	% autres CV-	% autres CVC-	% autres CV- et CVC-	moyenne pondérée
CV̀-	44, 3 %		19, 1 %	38 %
CV̀C-		32, 1 %	18, 3 %	

Soit : fréquence moyenne d'apparition dans le lexique de V̀ : 38 %

Fréquences	% autres CV-	% autres CVC-	% autres CV- et CVC-	moyenne pondérée
CV̄-	8, 5 %		3, 6 %	10, 3 %
CV̄C-		12, 1 %	6, 9 %	

Soit : fréquence moyenne d'apparition dans le lexique de V̄ : 10,4 %

Fréquences	% autres CV-	% autres CVC-	% autres CV- et CVC-	moyenne pondérée
CV́-	21, 7 %		9, 3 %	22, 6 %
CV́C-		23, 6 %	13, 4 %	

Soit : fréquence moyenne d'apparition dans le lexique de V́ : 22,7 %

Fréquences	% autres CV-	% autres CVC-	% autres CV- et CVC-	moyenne pondérée
CV̌-	2, 8 %		1, 2 %	2, 8 %
CV̌C-		2, 8 %	1, 6 %	

Soit : fréquence moyenne d'apparition dans le lexique de V̌ : 2,8 %

Fréquences	% autres CV-	% autres CVC-	% autres CV- et CVC-	moyenne pondérée
CV̂-	22, 6 %		9, 7 %	26 %
CV̂C-		29, 3 %	16, 7 %	

Soit : fréquence moyenne d'apparition dans le lexique de V̂ : 26 %

Accent

Nous avons pu remarquer la présence, en gulmance, d'un accent d'intensité ayant une valeur démarcative. Cet accent d'intensité dans les limites du "mot" a une position fixe qui est la première syllabe du radical.

La présence d'un accent a une influence directe sur les voyelles ; en effet, la voyelle non accentuée en finale est affaiblie et se centralise.

Exemple : **fwâ-lì** [fwâlɨ̀] "forêt"

Les phonèmes

3.1. L'analyse phonologique de la langue gulmance a permis de dégager, outre les cinq tonèmes que nous venons de présenter, un système vocalique à cinq voyelles orales brèves et trois voyelles orales longues et un système consonantique à vingt consonnes réparties en cinq ordres : labial, alvéolaire , palatal, vélaire et labio-vélaire et en cinq séries : sourde, sonore, nasale, continue et latérale. Nous présentons ci-après les voyelles puis les consonnes.

3.2. Les voyelles

Des réalisations phonétiques de voyelles nasales sont fréquentes mais toujours conditionnées par la consonne nasale qui suit lorsque le suffixe est à initiale consonantique.

Exemples : **yàn-gà** [yà̰ŋgà] "animal"
fîn-dì [fḭ̂ndì] "enveloppes"

Un même radical du type CVn- peut être affecté d'un suffixe de type -V ou CV ; dans le premier cas la voyelle du radical est réalisée orale et dans le second cas elle est réalisée nasale.

Exemples :

CVn-CV			~	CVn-V		
bìn-lì	[bḭ̀nlì]	"année"	~	**bìn-à**	[bìnà]	"années"
dā:n-bà	[dā̰:mbà]	"pères"	~	**dā:n-ò**	[dā:nò]	"père"

Nous ne retiendrons donc, pour l'identification phonologique, que les voyelles orales brèves et longues.

3.3. voyelles brèves

Nous avons relevé cinq phonèmes vocaliques brefs :

Le phonème /i/

L'identité phonologique du phonème /i/ ressort des rapprochements suivants :

i/u

ní	"défèque !"	nú	"pue !"
sì	"touche !"	sù	"vole ! (qqch.)"

i/e

pìdì	"balaie !"	pèdì	"coupe !"
bìn-lì	"année"	bèn-lì	"poitrine"
kí gbìdì	"troubler"	kí gbèdì	"pourrir"

i/i:

kí yínì	"appeler"	kí yí:nì	"chanter"
ō gbīdì	"il a troublé"	ō gbī:dì	"il a creusé"
píní	"couvre !"	pí:ní	"enterre !"

Phonétiquement :

Ce phonème est réalisé comme une voyelle antérieure, non-arrondie, d'aperture minimale, et toujours brève. La masse antérieure du dos de la langue se rapproche de la partie antérieure du palais dur avec une tendance à se rapprocher sensiblement de sa partie centrale ; le résonateur est constitué dans ce cas par la cavité pharyngale et l'arrière de la cavité buccale, sans participation de la cavité labiale. La réalisation peut devenir plus centrale [ɨ] dans certains contextes : en finale absolue de dissyllabes du type CVCi (1), l'articulation de la finale est moins forte et son relâchement sensible conduit à la réalisation d'une voyelle légèrement moins antérieure que i, aussi étirée mais d'aperture moindre.

Exemples :	pì-dì	[pìdɨ̀]	"balaie !"
	fwâ-lì	[fwâlɨ̀]	"forêt"

La bouche reste à peine entrouverte et les lèvres ne sont pas aussi étirées que pour le i du français.

---

(1) synthème ou syntagme nécessaire.

Phonologiquement :

On le définit et on le classe comme :

- antérieur : i/u
- d'aperture minimale : i/e
- non-long : i/i:

i	CV-		CVC-		moyenne pondérée
Fréquence d'apparition dans le lexique	9, 2 %	3 %	12, 3 %	8, 3 %	10, 9 %
	8, 1 %		13, 7 %		10, 9 %

Le phonème /u/

L'identité phonologique du phonème /u/ ressort des rapprochements suivants :

u/i

déjà envisagés à propos de /i/

u/o

ō túdì	"il a poussé"	ō tódì	"il a aidé"
pu (´)	"rien"	po (`)	"sur"
jù-m(ì)	"moustiques"	jò-m(ù)	"circoncis *pl.*"

u/u:

kí túdí	"se tromper"	kí tú:dí	"buter"
kúdì	"sèche !"	kú:dì	"hurle !"
ō pudì (´)	"il a crû"	ō pu:dì (¯)	"il a aspergé d'eau avec sa bouche"

Phonétiquement :

Ce phonème est réalisé comme une voyelle postérieure, arrondie, d'aperture minimale et toujours brève. La masse postérieure du dos de la langue se rapproche du palais mou, le résonateur principal est alors constitué par la cavité buccale et la cavité labiale. Ce phonème, moins postérieur et moins fermé que le u du français, est assez proche du ʊ anglais. Les lèvres sont arrondies mais peu avancées et la bouche est à peine entr'ouverte. En première syllabe d'un syntagme, on constate des réalisations de ce phonème avec une articulation relâchée qui, en élocution rapide, tend à centraliser le timbre de la voyelle.

Exemple :

Elocution rapide : [kɩ́-tə̀ɣɨ̀][(1)]

kí tùgì "porter"

Elocution délibérée : [kɩ́ tʊ̀gɨ̀]

Phonologiquement :

On le définit et on le classe comme :

- postérieur : u/i
- d'aperture minimale : u/o
- non-long : u/u:

u	CV-		CVC-		moyenne pondérée
Fréquence d'apparition dans le lexique	13 %	4, 2 %	21 %	14, 3 %	17 %
	11, 5 %		23, 5 %		17 %

Le phonème /e/

L'identité phonologique du phonème /e/ ressort des rapprochements suivants :

e/i

déjà envisagés à propos de /i/

e/o

(\) ben-lì	"poitrine"	(^) bon-lì	"trou"
cē	"cueille !"	cō	"attrape !"
cégì	"encercle !"	cógì	"lis !"

e/a

kí pèdì	"hacher"	kí pàdì	"déchirer"
kí bè	"cuire"	kí bà	"gagner"
ō cé	"il a cueilli"	ō cá	"il a tiré"

e/i:

ō pédì	"il a haché"	ō pí:dì	"il a trouvé"
jên-(à)	"oeufs"	jî:n-(ì)	"racines"
yên-(ù)	"soleil"	yî:n-(à)	"cornes"

(1) La flèche souscrite indique qu'il s'agit d'une voyelle plutôt postérieure qui tend à se centraliser.

e/a:

yè	"habille-toi !"	yà:-(mà)	"sel"
kpèl-ò	"aîné"	kpá:l-ù	"toux"
kí gbè-dì	"pourrir"	kí kpá:-dì	"être lépreux"

Phonétiquement :

Ce phonème est réalisé comme une voyelle antérieure, non-arrondie, d'aperture médiane et toujours brève. La masse antérieure du dos de la langue est sensiblement éloignée du palais dur et est dirigée entre la partie centrale et la partie antérieure du palais dur. Ainsi, le résonateur est plus grand que pour la réalisation de i, en raison également de l'abaissement du maxillaire inférieur. La bouche est plus ouverte et les lèvres sont moins étirées. Le degré d'aperture de ce phonème, qui n'a pas de partenaire ouvert, est instable : en syllabe fermée, sa réalisation est nettement ouverte.

Exemples :

kí bè	[kíbè]	"cuire"	~	bèn-lì	[bɛ̀nlɨ̀]	"poitrine"
pè	[pè]	"moutons"	~	kí pên-dì	[kípɛ̂ndɨ̀]	"dépasser"

Phonologiquement :

On le définit et on le classe comme :

- antérieur : e/o
- d'aperture médiane : e/i, a
- non-long : e/i:, a: (sans partenaire long du même degré d'aperture).

e	CV-		CVC-		moyenne pondérée
Fréquence d'apparition dans le lexique	7, 4 %	2, 4 %	11, 4 %	7, 7 %	9, 4 %
	6, 5 %		12, 7 %		9, 4 %

Le phonème /o/

L'identité phonologique du phonème /o/ ressort des rapprochements suivants :

o/e

déjà envisagés à propos de /e/

o/u

déjà envisagés à propos de /u/

o/a

pwò-lì	"tante"	pwà-lì	"foie"
ō tódì	"il a aidé"	ō tádì	"il a été faible"
dò	"monte !"	dà	"achète !"

o/u:

kí tòdì	"aider"	kí tú:-dí	"butter"
cō	"scarification"	cû:-(lì)	"case-porche"
jò-(gà)	"circoncis"	jù:-(nà)	"effraies *sp.*"

o/a:

ō tódì	"il a aidé"	ō tá:dì	"il a récolté"
dō(–)-	"village"	dà:-(mū)	"marchés"
yō(–)-mà	"farine"	yà:-mà	"sel"

Phonétiquement :

Ce phonème est réalisé comme une voyelle postérieure, arrondie, d'aperture médiane et toujours brève. La masse postérieure du dos de la langue est sensiblement éloignée du palais mou et c'est une partie plus postérieure de la langue qui se dirige vers une partie postérieure du palais mou. Le résonateur est de ce fait plus grand que pour la réalisation de u, constitué par la cavité buccale et la cavité labiale, en raison même de l'abaissement du maxillaire inférieur. Les lèvres ne sont pratiquement pas avancées mais bien arrondies. Comme pour son partenaire antérieur, le degré d'aperture de ce phonème varie en fonction du contexte : en syllabe fermée, sa réalisation est nettement ouverte.

Exemples :

kí tō	[kítō]	"piler"	~	tōn-lì	[tɔ̄nlɨ̀]	"mâle"
còg-à	[cògà]	"fatigues"	~	còg-lì	[cɔ̀glɨ̀]	"fatigue"

Phonologiquement :

On le définit et on le classe comme :

- postérieur : o/e
- d'aperture médiane : o/u, a
- non-long : o/u:, a: (sans partenaire long du même degré d'aperture)

o	CV-		CVC-		moyenne pondérée
Fréquence d'apparition dans le lexique	18, 5 %	6 %	15 %	10, 1 %	16, 7 %
	16, 3 %		16, 7 %		16, 7 %

Le phonème /a/

L'identité phonologique du phonème /a/ ressort des rapprochements effectués à propos de /e/ et de /o/ et des suivants :

a/a:

bàlì	"placenta"	bà:-lì	"chance"
sāgì	"remue !"	sā:gì	"rugueux"
yà-mà	"bile"	yà:-mà	"sel"

Phonétiquement :

Ce phonème est réalisé comme une voyelle plutôt centrale qu'antérieure, d'aperture maximale et toujours brève. La masse centrale du milieu du dos de la langue tend à se rapprocher du centre du palais dur, la pointe de la langue est au même moment abaissée au maximum vers le bas et le maxillaire du bas est sensiblement plus abaissé que pour les réalisations ouvertes de e et de o ; le résonateur est alors très grand.

Exemples : kə́ bāg.bí-gà [kʰə́bɒ̄gbígɒ̀] "gargoulette"
kə́ lôn-gà [kʰə́lɔ̂ngɒ̀] "tambour d'aisselle"

Nous avons relevé des réalisations de ce phonème très centrales [ə] accompagnées d'une légère aspiration [ʰə], cela uniquement à propos du préfixe pronominal kə́ de la classe 5 (-gà) et en élocution rapide. Ce phonème est réalisé plutôt comme la centrale : ɐ. Pour les commodités d'écriture et de lecture, nous le transcrivons systématiquement ainsi : a.

Phonologiquement :

On le définit et on le classe comme :

- neutre (quant à son caractère antérieur ou postérieur)
- d'aperture maximale : a/e, o
- non-long : a/a:

<table>
<tr><td>a</td><td colspan="2">CV-</td><td colspan="2">CVC-</td><td>moyenne pondérée</td></tr>
<tr><td rowspan="2">Fréquence d'apparition dans le lexique</td><td>51, 8 %</td><td>16, 7 %</td><td>40, 4 %</td><td>27, 4 %</td><td>46 %</td></tr>
<tr><td colspan="2">45, 7 %</td><td colspan="2">45, 2 %</td><td>46 %</td></tr>
</table>

3.4. voyelles longues

Le phonème /i:/

L'identité phonologique du phonème /i:/ ressort des rapprochements suivants :

i:/u:

pī:d(ī) "trouve !" — pū:d(í) "asperge d'eau avec ta bouche !"

kí dî:nì "plonger" — kí dû:nì "essuyer"

cî:-(g)ā "ampoule" — cû:-(n)ā "case-porches"

i:/a:

bì:-lì "sein" — bà:-lì "chance"

tì:ndì "filtre !" — tà:ndí "tends !"

sî:n-dì "vomissements" — sâ:n-dì "*Butyrospermum parkii* Kotschy (Sapotaceae)"

i:/i, e

déjà envisagés à propos de /i/ et de /e/.

Phonétiquement :

Ce phonème est réalisé comme une voyelle antérieure, non-arrondie, d'aperture minimale et toujours longue. Il présente les mêmes caractéristiques articulatoires que son partenaire bref, avec une durée d'émission et une intensité plus grandes qui font que le timbre en est mieux marqué ; cela exclut les réalisations plus centrales (ou plus neutres) relevées à propos de i [ɨ]. La longueur est souvent caractérisée par un léger bruit de friction provoqué par le passage de l'air entre la masse antérieure de la langue et la partie antérieure du palais dur.

Phonologiquement :

On le définit et on le classe comme :

- antérieur : i:/u:
- d'aperture minimale : i:/a:
- long : i:/i, e

i:	CV-		CVC-		moyenne pondérée
Fréquence d'apparition dans le lexique	11, 1 %	6, 7 %	20 ,7 %	8, 1 %	15, 5 %
	11, 9 %		19, 2 %		15, 5 %

Le phonème /u:/

L'identité phonologique du phonème /u:/ ressort des rapprochements effectués à propos de /i:/, de /u/, de /o/ et des suivants :

u:/a:

pū:dí	"asperge d'eau avec ta bouche !"	pā:dí	"sépare !"
tú:-li (\)	"petite termitière"	tá:-li (–)	"jambe"
kù:-lì	"houe"	kà:-lì	"nattes"

Phonétiquement :

Ce phonème est réalisé comme une voyelle postérieure, arrondie, d'aperture minimale et toujours longue. Il présente les mêmes caractéristiques articulatoires que son partenaire bref, avec une durée d'émission et une intensité plus grandes qui font que le timbre en est mieux marqué ; cela exclut les réalisations plus centrales (ou plus neutres), relevées à propos de u [ə]. Ici aussi, la longueur est souvent caractérisée par un léger bruit de friction provoqué par le passage de l'air à des niveaux différents, suivant le point d'articulation de la consonne qui précède.

Exemples :

- pú:-gà "hernie" : la friction, qui affecte le phonème u:, est produite par le passage de l'air entre les lèvres.
- tú:-lì "petite termitière" : la friction, qui affecte le phonème u:, est produite par le passage de l'air entre la pointe de la langue et les alvéoles.
- kù:-nà "houes" : la friction, qui affecte le phonème u:, est produite par le passage de l'air entre la partie postérieure du dos de la langue et le palais mou.

Phonologiquement :

On le définit et on le classe comme :

- postérieur : u:/i:
- d'aperture minimale : u:/a:
- long : u:/u, o

<table>
<tr><td>u:</td><td colspan="2">CV-</td><td colspan="2">CVC-</td><td>moyenne pondérée</td></tr>
<tr><td rowspan="2">Fréquence d'apparition dans le lexique</td><td>15, 5 %</td><td>9, 4 %</td><td>13, 8 %</td><td>5, 4 %</td><td>14, 7 %</td></tr>
<tr><td colspan="2">16, 6 %</td><td colspan="2">12, 8 %</td><td>14, 7 %</td></tr>
</table>

Le phonème /a:/

L'identité phonologique du phonème /a:/ ressort des rapprochements effectués à propos de /i:/, de /u:/, de /a/, de /o/ et de /e/.

Phonétiquement :

Ce phonème est réalisé comme une voyelle antérieure, non-arrondie, d'aperture maximale et toujours longue. La masse antérieure de la langue, aplatie dans la bouche, est éloignée du palais dur. Le maxillaire inférieur est franchement abaissé ; le résonateur est alors le plus grand. La bouche est bien ouverte avec les lèvres lâches (neutres). La durée d'émission et l'intensité plus grandes, par rapport à son partenaire bref, font que le timbre est mieux marqué ; cela exclut les réalisations plus centrales (ou plus neutres), relevées à propos de a [ʰə] ou [ɐ].

Phonologiquement :

On le définit et on le classe comme :

- neutre (quant à son caractère antérieur ou postérieur)
- d'aperture maximale : a:/i:, u:
- long : a:/a, o, e

a:	CV-		CVC-		moyenne pondérée
Fréquence d'apparition dans le lexique	73, 3 %	44, 6 %	65, 5 %	25, 7 %	69, 7 %
	78, 6 %		60, 8 %		69, 7 %

On remarque que les voyelles longues sont réalisées avec une intensité sensiblement plus forte que les voyelles brèves ; de ce fait, leur timbre est mieux marqué et leur latitude de réalisation plus restreinte que celle de leurs homologues brèves. D'autre part, on constate dans les voyelles longues, une neutralisation du deuxième niveau d'aperture.

3.5. Définition des voyelles

Le système vocalique du gulmance comporte cinq voyelles brèves et trois voyelles longues, définies comme suit :

Brèves :

/i/	antérieure	i/u	/u/	postérieure	u/i
	d'aperture minimale	i/e		d'aperture minimale	u/o
	non-longue	i/i:		non-longue	u/u:
/e/	antérieure	e/o	/o/	postérieure	o/e
	d'aperture médiane	e/i, a		d'aperture médiane	o/u, a
	non-longue	e/i:, a:		non-longue	o/u:, a:

/a/ neutre (quant à son caractère antérieur ou postérieur)
d'aperture maximale : a/e, o
non-longue : a/a:

Longues :

/i:/	antérieure	i:/u:	/u:/	postérieure	u:/i:
	d'aperture minimale	i:/a:		d'aperture minimale	u:/a:
	longue	i:/i		longue	u:/u

/a:/ neutre (quant à son caractère antérieur ou postérieur)
d'aperture maximale : a:/i:, u:
longue : a:/a

3.6. Classement des voyelles

En groupant les voyelles caractérisées par un trait pertinent commun, on distingue :

Voyelles brèves :

trois degrés d'aperture :
1. aperture minimale : i, u
2. aperture médiane : e, o
3. aperture maximale : a

trois ordres :
1. les antérieures : i, e
2. la neutre : a
3. les postérieures : u, o

Voyelles longues :

deux degrés d'aperture :
1. aperture minimale : i:, u:
2. aperture maximale : a:

trois ordres :
1. l'antérieure : i:
2. la neutre : a:
3. la postérieure : u:

qui nous permettent d'établir les deux tableaux suivants :

Voyelles brèves		*ordres*		
		antérieures	neutre	postérieures
aperture	minimale	i		u
	médiane	e		o
	maximale		a	

Voyelles longues		*ordres*		
		antérieure	neutre	postérieure
aperture	minimale	i:		u:
	maximale		a:	

3.7. Les consonnes

Nous avons retenu 20 consonnes phonologiques dans la langue gulmance. Nous présentons pour chaque phonème consonantique les différentes oppositions avec les phonèmes voisins afin de dégager l'ensemble des traits distinctifs qui définissent l'autonomie du phonème en question.

Nous présentons ensuite pour chaque phonème ses caractéristiques phonétiques, son statut phonologique et son comportement en position finale de radical R-. Toutes les consonnes étant représentées à l'initiale, c'est d'abord dans cette position que nous envisageons la description. Enfin, un tableau donne pour chaque consonne la fréquence d'apparition du phonème dans le lexique (un millier de termes) en position initiale du radical et à la finale le cas échéant. L'ensemble de ces résultats est réuni dans un tableau général et commenté dans le chapitre "Combinaisons de phonèmes".

Les vingt consonnes du gulmance se répartissent, d'une part en trois séries d'occlusives (orale sourde, orale sonore et nasale), une série continue, dont le caractère fricatif nous a paru moins essentiel et une série latérale, d'autre part en cinq ordres : labial, alvéolaire, palatal, vélaire et labiovélaire.

Le phonème /p/

L'identité phonologique du phonème /p/ ressort des rapprochements suivants :

p/t

pà:-mò	"insecte"	tà:-mò	"cheval"
kí pàdì	"déchirer"	kí tàdì	"diminuer"
ō púdì	"il a poussé"	ō túdì	"il s'est trompé"

p/kp

kí pàbì	"s'évanouir"	kí kpàbì	"porter sous le bras"
pà:l-ū	"vigueur"	kpà:l-ū	"toux"
kí mâ	"construire"	kí kpâ	"tuer"

p/b

kí pyá	"avoir"	kí byá	"se perdre"
kí pà	"donner"	kí bà	"gagner"
ō púlá	"il a grillé qqch."	ō búlá	"il a semé"

p/m

kí pà	"donner"	kí mà	"forger"
pú	"rien"	mú	"*déterminant cl. 6* "
kí púdí	"éclater"	kí múdí	"casser"

p/f

ō pídì	"il a balayé"	ō fídì	"il a pu"
pà:l-ū	"vigueur"	fà:l-ū	"vent"
pwô-dì	"panses"	fwô-dì	"*Ceiba pentandra* Gaertn. (Bombacaceae)"

Phonétiquement :

Ce phonème est réalisé comme une occlusive plus ou moins relâchée, à relâchement expiré, parfois même presque affriqué, en particulier à l'initiale des polysyllabes (1), il est toujours bi-labial, oral et sourd.

Phonologiquement :

On le définit comme :

- labial : p/t
- sans co-articulation vélaire : p/kp
- sourd : p/b
- non-nasal : p/m
- non-continu : p/f

(1) Polysyllabe : syntagme nécessaire ou synthème.

et on le classe comme :

- ordre : labial
- série : sourd

En position finale de radical R-, l'opposition entre les phonèmes p et b est neutralisée. C'est le partenaire sonore qui est alors attesté.

p	initiale		finale		moyenne pondérée
Fréquence d'apparition dans le lexique	5, 4 %	4, 4 %	0 %	0 %	3, 3 %
	6, 5 %		0 %		3, 3 %

Le phonème /b/

L'identité phonologique du phonème /b/ ressort des rapprochements suivants :

b/p

déjà envisagés à propos de /p/

b/d

bà	"gagne !"	dà	"achète !"
bà:-lì	" chance"	dà:-lì	"jour"
bwànī	"courbe !"	dwànī	"couche-toi"

b/gb

kí bìdì	"bégayer"	kí gbìdì	"troubler un liquide"
bál-ì	"ourlet"	gbál-ī	"gros bâton"
kí bàlì	"porter sur l'épaule"	kí gbàlì	"être incapable"

b/m

bà	"gagne !"	mà	"forge !"
bwānì	"noir"	mwānì	"rouge"
ō byǎ	"il est méchant"	ō myǎ	"il a demandé"

b/f

bîn-dì	"excréments"	fîn-dì	"enveloppes"
bán-mà	"connaissance"	fán-mà	"place"
ō bw(´)adì	"il a griffé"	ō fw(¯)adì	"il s'est déplacé"

Phonétiquement :

Ce phonème est réalisé comme une occlusive plus ou moins relâchée à relâchement expiré, parfois même presque affriqué, en particulier à l'initiale des polysyllabes comme c'est la cas pour son partenaire sourd p. En finale de radical devant voyelle, il est articulé spirant [β], comme dans kì tā:bì [kì tā:βì] "tâter". Il est toujours bi-labial, oral et sonore.

Phonologiquement :

On le définit comme :

- labial : b/d
- sans co-articulation vélaire : b/gb
- sonore : b/p
- non-nasal : b/m
- non-continu : b/f

et on le classe comme :

- ordre : labial
- série : sonore

En position finale de radical R-, l'opposition, entre les phonèmes p et b, est neutralisée. C'est le partenaire sonore qui est toujours attesté et c'est lui que nous conservons, par la suite, pour la transcription. Cette remarque est d'ailleurs valable pour l'ensemble de l'opposition sourde/sonore qui est neutralisée dans cette position.

<table>
<tr><td>b</td><td colspan="2">initiale</td><td colspan="2">finale</td><td>moyenne pondérée</td></tr>
<tr><td rowspan="2">Fréquence d'apparition dans le lexique</td><td>9 %</td><td>7, 2 %</td><td>9 %</td><td>2 %</td><td>9 %</td></tr>
<tr><td colspan="2">11 %</td><td colspan="2">7, 3 %</td><td>9 %</td></tr>
</table>

Le phonème /m/

L'identité phonologique du phonème /m/ ressort des rapprochements suivants :

m/n

ō mà:nā	"il s'est habitué"	ō nà:nā	"il a ressemblé"
mǐ	"aigre"	nǐ	"huit"
mu:l-ī (\`)	"riz"	nu:l-ī (—)	"odeur"

m/ŋm

ō má	"il a forgé"	ō ŋmá	"il a piétiné"
mál-(mà)	"accouchement"	ŋmàl-(ù)	"*Bambusa L.* (Poaceae)"
mâ:-(m)à	"parole"	ŋmâ:-(n)à	"gale"

m/f

kí mâ	"construire"	kí fâ	"laver le visage"
mâ:-mà	"parole"	fà:-mà	"mensonge"
mwâ-(d)ì	"herbe *sp.*"	fwâ-(l)ì	"forêt"

m/p
déjà envisagés à propos de /p/

m/b
déjà envisagés à propos de /b/

Phonétiquement :

Ce phonème est réalisé comme une occlusive assez douce où le contact des lèvres, légèrement avancées, est large ; la durée de ce phonème est plus longue que celle de ses partenaires oraux. L'articulation est moins ferme à l'initiale des polysyllabes, par exemple dans myá.bòn-ù, [m̃yáβɔ̀nù] "nez.trou = narines". Il est toujours bi-labial, nasal et sonore.

Phonologiquement :

On le définit comme :
- labial : m/n
- sans co-articulation vélaire : m/ŋm
- nasal : m/p, b
- non-continu : m/f

et on le classe comme :
- ordre : labial
- série : nasal

En position finale de radical R-, l'opposition, entre les phonèmes des différents ordres de nasales : m, n, ŋ et ŋm, est neutralisée. La nasale est alors homorganique de la consonne du suffixe, c'est-à-dire labiale, dentale ou vélaire, ou seulement dentale quand le suffixe est une voyelle. Par la suite, nous conservons la dentale pour la transcription des nasales en finale.

m	initiale		finale		moyenne pondérée
Fréquence d'apparition dans le lexique	5, 8 %	4, 6 %	0 %	0 %	3, 5 %
	7 %		0 %		3, 5 %

Le phonème /f/

L'identité phonologique du phonème /f/ ressort des rapprochements suivants :

f/s

kí fî	"se lever"	kí sî	"cracher"
fîn-gù	"enveloppe"	sîn-gù	"sève"
fàn-ù	"cuisine"	sàn-ù	"chemin"

f/l

fê-	"honte"	lê	"où"
fwô-lì	"*Ceiba pentandra* Gaertn. (Bombaceae) - Fruit"	lwô-lì	"carquois"
(kí) fâ	"laver le visage"	(ō) lâ	"il a vu"

f/w

fá	"lave le visage !"	wá	"sois petit"
fà:l-(ū)	"vent"	wà:l-(ò)	"cadet"

f/m, b, p

déjà envisagés, respectivement, à propos de /m/, /b/ et /p/.

Phonétiquement :

Ce phonème est réalisé comme une continue bi-labio-dentale, à relâchement expiré plus ou moins marqué. La réalisation relâchée de ce phonème estompe le contact de la lèvre inférieure avec les dents du haut : la désocclusion est alors plus lente et, les lèvres étant rapprochées, l'air expiré produit un bruit de friction caractéristique des spirantes. En effet, le contact de la lèvre inférieure avec les dents du haut s'effectue, non pas entre la partie externe de la lèvre et les dents, comme pour le f du français, mais entre la partie interne de la lèvre et les dents, de sorte que les lèvres restent des protrusions : la friction est à la fois labio-dentale (interne) et bilabiale (externe). L'absence de tension des organes phonateurs produit une friction légère du type spirant. Cette caractéristique de tension est d'autant plus nette à l'initiale de polysyllabe.

Ce phonème est toujours bi-labio-dental et sourd.

Phonologiquement :

On le définit comme :

- labial : f/s, l

- sans co-articulation vélaire : f/w
- continu : f/b, p
- non-nasal : f/m

et on le classe comme :

- ordre : labial
- série : continu

En position finale de radical R-, les phonèmes de la série continue, f, s, y, et w sont neutralisés et non représentés.

f	initiale		finale		moyenne pondérée
Fréquence d'apparition dans le lexique	5, 6 %	4, 5 %	0 %	0 %	3, 4 %
	6, 7 %		0 %		3, 4 %

Le phonème /t/

L'identité phonologique du phonème /t/ ressort des rapprochements suivants :

t/p

déjà envisagés à propos de /p/

t/c

kí tō	"piler"	kí cō	"attraper"
ō tí:ndì	"il a filtré"	ō cí:ndì	"il a éternué"
(´)tu:-lì	"petite termitière"	(^)cu:-lì	"case-porche"

t/d

ō tǎ	"il a pris"	ō dǎ	"il a acheté"
tà:-gà	"pluie"	dà:-gà	"marché"
tûn-à	"*Phaseolus sp.* (Leguminosae)"	dûn-à	"genoux"

t/n

tàn-dì	"torchis"	nân-dì	"viandes"
túg-lì	"articulation"	núg-lì	"*Varanus niloticus* Linné (Varanideae)"
kí tùgì	"porter"	kí nùgì	"pétrir"

t/s

ō tágá	"il a suivi"	ō ságá	"il a déplacé"
(kí)tā:gì	"féconder"	sā:gì	"rugueux"
kí (`)tugì	"porter"	kí (´)sugì	"insulter"

t/l

kí tyádí	"se souvenir"	kí lyádí	"lécher"
kí twò	"accepter"	kí lwò	"manquer"
túg-lì	"articulation"	lúg-lì	"champignon *sp.*"

Phonétiquement :

Ce phonème est réalisé comme une occlusive apico-alvéolaire, à relâchement expiré plus ou moins marqué. La pointe de la langue est appliquée assez largement sur les alvéoles et le dos de la langue est légèrement creusé, mettant en contact les bords postérieurs de la langue avec les dents du haut. Les frictions latérales et alvéolaires sont plus ou moins marquées selon que la tension de la pointe de la langue sur les alvéoles est forte ou faible. La réalisation affriquée de ce phonème est attestée particulièrement devant w et y et à l'initiale des polysyllabes, c'est-à-dire quand la tension des organes phonateurs est moins forte.
Ce phonème est toujours apico-alvéolaire, oral et sourd.

Phonologiquement :

On le définit comme :

- alvéolaire : t/p, c
- sourd : t/d
- non-nasal : t/n
- non-continu : t/s
- non-latéral : t/l

et on le classe comme :

- ordre : alvéolaire
- série : sourd.

En position finale de radical R-, l'opposition, entre les phonèmes t et d, est neutralisée. C'est le partenaire sonore qui est presque toujours attesté dans cette position et c'est celui que nous conservons, par la suite, dans la transcription.

t	initiale		finale		moyenne pondérée
Fréquence d'apparition dans le lexique	10, 9 %	8, 7 %	0 %	0 %	6, 5 %
	13 %		0 %		6, 5 %

Le phonème /d/

L'identité phonologique du phonème /d/ ressort des rapprochements suivants :

d/b

déjà envisagés à propos de /b/

d/j

kí dà	"acheter"	kí jà	"couper"
dwâ-mō	"boiteux"	jwâ-mō	"aveugle"
dò:(mà)	"ascension"	jò:(dì)	"excision"

d/t

déjà envisagés à propos de /t/

d/n

dì	"*Rhaphis sorghum* L. L. (Gramineae)	nì	"dans"
d(ˋ)a:-lì	"jour"	n(ˆ)a:-lì	"moule (le)"
ō dūgì	"il a nagé"	ō nūgì	"il a pétri"

d/s

dà:-dì	"bois"	sà:-dì	"pâtes de mil"
dwân-gù	"maison moderne"	swân-gù	"ombre"
kí dúgì	"nager"	kí súgì	"insulter"

d/l

dí:ngì	"mou"	kí lí:ngì	"chercher"
kí dà	"acheter"	kí là	"rire"
kí dúgì	"nager"	kí lúgì	"tisser"

Phonétiquement :

Ce phonème est réalisé comme une occlusive apico-alvéolaire, à relâchement expiré plus ou moins marqué et affriqué dans les mêmes conditions que son partenaire sourd. Il est toujours apico-alvéolaire, oral et sonore.

En finale de première syllabe, le phonème d peut être réalisé, en variante libre, comme une vibrante apico-alvéolaire à un seul battement (r).

Exemples :

mûd-gà	[mûrgà]	/	[mûdgà]	"chat"
tyád-mà	[tyármà]	/	[tyádmà]	"souvenir"
cād-lì	[cār(i)lì]	/	[cād(i)lì]	"couteau"

Phonologiquement :

On le définit comme :

- alvéolaire : d/b, j
- sonore : d/t
- non-nasal : d/n
- non-continu : d/s
- non-latéral : d/l

et on le classe comme :

- ordre : alvéolaire
- série : sonore

En position finale de radical R-, l'opposition, entre les phonèmes t et d est neutralisée et la réalisation sonore est presque toujours attestée en variante libre avec (r). Pour la transcription, nous utilisons le d.

d	initiale		finale		moyenne pondérée
Fréquence d'apparition dans le lexique	4, 8 %	3, 8 %	12, 5 %	2, 8 %	8 %
	5, 7 %		10, 2 %		8 %

Le phonème /n/

L'identité phonologique du phonème /n/ ressort des rapprochements effectués à propos de /m/, /t/, /d/ et des suivants :

n/ɲ

nâ	"quatre"	ɲâ	"nie !"
nwà-	"boeuf"	ɲwà-	"femelle"
kí nwádì (ˊ)	"prendre un bébé"	kí ɲwádì (ˋ)	"contempler"

n/s

ní	"défèque !"	sí	"touche !"
kí nû	"puer"	kí sû	"voler qqch."
kí nu(ˋ)gì	"pétrir"	kí su(ˊ)gì	"insulter"

n/l

kí nû	"puer"	kí lû	"tresser"
nùgì	"pétris !"	lùgì	"tisse !"
núg-lì	"*Varanus niloticus* Linné (Varanideae)"	lúg-lì	"champignon *sp.*"

Phonétiquement :

Ce phonème est réalisé comme une nasale, apico-alvéolaire toujours sonore pouvant avoir, selon la position, une articulation plus ou moins ferme avec une plus grande surface de contact de la langue avec le palais (pré-dorso-alvéolaire). L'articulation est plus relâchée en initiale de polysyllabe et la nasalité est alors plus forte. Il est toujours alvéolaire, nasal et sonore.

Phonologiquement :

On le définit comme :

- alvéolaire : n/m, ɲ
- nasal : n/t, d
- non-continu : n/s
- non-latéral : n/l

et on le classe comme :

- ordre : alvéolaire
- série : nasal

En position finale de radical R-, l'opposition, entre les phonèmes des différents ordres de nasales m, n, ɲ, ŋ et ŋm, est neutralisée. La nasale est, dans cette position, homorganique de la consonne qui suit, en l'occurrence : labiale, dentale ou vélaire.

Exemples :

n { [m] lân-bù [lâ̰mbù] "bruit" / lân-dì [lâ̰ndì] "bruits"
[n] bìn-lì [bḭ̀nlì] "année" / bìn-à [bìnà] "années"
[ŋ] mǎn-gà [mǎŋgà] "utérus" / mǎn-mù [mǎmù] "utérus *pl.*"

n	initiale		finale		moyenne pondérée
Fréquence d'apparition dans le lexique	4, 5 %	3, 6 %	46, 4 %	10, 5 %	21, 7 %
	5, 4 %		37, 9 %		21, 7 %

Le phonème /s/

L'identité phonologique du phonème /s/ ressort des rapprochements effectués à propos de /f/, /t/, /d/, /n/ et des suivants :

s/y

sàn-ù "chemin" yàn-ù "chant"
kí sùgì ⁽ˊ⁾ "insulter" kí yùgì ⁽ˋ⁾ "voler"
kí sèdī ⁽ˉ⁾ "s'arrêter" kí yèdì ⁽ˋ⁾ "dire"

s/l

ō sédì	"il s'est arrêté"	ō lédì	"il a emprunté"
kí sû	"voler qqch."	kí lû	"tresser"
kí súgì	"insulter"	kí lúgì	"tisser"

Phonétiquement :

Ce phonème est réalisé comme une fricative sifflante apico-alvéolaire sourde. C'est le dessus de la pointe de la langue qui se rapproche de la région alvéolaire. Ce phonème n'a pas de partenaire sonore. Il est toujours alvéolaire et continu.

Phonologiquement :

On le définit comme :

- alvéolaire : s/f, y
- continu : s/f, d
- non-nasal : s/n
- non-latéral : s/l

et on le classe comme :

- ordre : alvéolaire
- série : continue

En position finale de radical R-, ce phonème n'est pas attesté (dans les limites de notre corpus). C'est d'ailleurs le cas de tous les phonèmes de la série continue.

s	initiale		finale		moyenne pondérée
Fréquence d'apparition dans le lexique	7, 2 %	5, 8 %	0 %	0 %	4, 3 %
	8, 7 %		0 %		4, 3 %

Le phonème /l/

L'identité phonologique du phonème /l/ ressort des rapprochements effectués à propos de /f/, /t/, /d/, /n/, /s/ et des suivants :

l/y

kí lèdì	"emprunter"	kí yèdì	"dire"
lùgì	"tisse !"	yùgì	"vole !"
kí lúgdí	"lancer"	kí yúgdí	"soulever"

Phonétiquement :

Ce phonème est réalisé comme une latérale apico-alvéolaire, sonore et continue. La pointe de la langue s'applique sur les alvéoles et la langue est arrondie avec sa partie antérieure dirigée vers le palais dur produisant une latérale d'avant. Cependant, devant la labio-vélaire **w**, ce phonème a tendance à être réalisé presque vélaire ; dans ce cas, la langue se creuse et sa partie antérieure tend à reculer vers le palais mou.

Exemples : **lwā-lì** [l⃗wālì] "rivière"
lwô-nà [l⃗wônà] "carquois *pl.*"

Il est toujours alvéolaire et latéral.

On le définit comme :
- alvéolaire : **l/f, y**
- latéral : **l/t, d, s**
- non-nasal : **l/n**

et on le classe comme :
- ordre : alvéolaire
- série : latérale

l	initiale		finale		moyenne pondérée
Fréquence d'apparition dans le lexique	5, 1 %	4, 1 %	19, 2 %	4, 4 %	10, 9 %
	6, 1 %		15, 7 %		10, 9 %

Le phonème /c/

L'identité phonologique du phonème /c/ ressort des rapprochements suivants :

c/t
déjà envisagés à propos de /t/

c/k

ō cwâ	"il est venu"	**ō kwâ**	"il a cassé"
cw(´)a-lì	"compte"	**kw(^)a-lì**	"interdit"
cw(`)onì	"marche !"	**kw(´)onì**	"sec"

c/j

kí cídí	"provoquer"	**kí jídí**	"descendre"
cên-lì	"marche"	**jên-lì**	"oeuf"
kí cà	"tirer"	**kí jà**	"couper"

c/ɲ

cílì	"commence !"	**ɲílì**	"mince"
cên-lì	"marche"	**ɲên-lì**	"dent"
kí cà	"tirer"	**kí ɲà**	"sortir"

c/y

kí cē(-)	"cueillir"	**kí yè(\)**	"s'habiller"
cên-lì(\)	"marche"	**yên-ī(-)**	"soleils"
kí cógì	"lire"	**kí yógì**	"tamiser"

Phonétiquement :

Ce phonème est réalisé comme une occlusive dorso-post-palatale sourde. La pointe de la langue, dirigée vers le bas, s'appuie sur la face interne des dents du bas et le dos de la langue, dans sa partie antérieure, s'applique sur la voûte du palais dur. Devant le labio-vélaire **w**, le point d'articulation du phonème **c** est réalisé plus en avant, plus spécifiquement palatal.

Exemples :	**cwá-lì**	[c⃖wálì]	"compte"
	cwònì	[c⃖wònì]	"marche !"

A l'initiale des polysyllabes, l'articulation de ce phonème présente une réalisation légèrement affriquée.

Exemples :	**câ:.gbì-lì**	[cçâ:gbìlɨ̀]	"forage"
	cán.pàn-gà	[cçã́mpàn(ī)gà]	"nourrisson"

Il est toujours palatal, oral et sourd.

Phonologiquement :

On le définit comme :

- palatal : **c/t, k**
- sourd : **c/j**
- non-nasal : **c/ɲ**
- non-continu : **c/y**

et on le classe comme :

- ordre : palatal
- série : sourd

En position finale de radical R-, ce phonème n'est pas attesté (dans les limites de notre corpus). C'est d'ailleurs le cas de tous les phonèmes de l'ordre palatal.

c	initiale		finale		moyenne pondérée
Fréquence d'apparition dans le lexique	6, 2 %	5 %	0 %	0 %	3, 7 %
	7, 5 %		0 %		3, 7 %

Le phonème /j/

L'identité phonologique du phonème /j/ ressort des rapprochements suivants :

j/d

déjà envisagés à propos de /d/

j/g

kí ja (—)	"couper"	kí ga (ʼ)	"recevoir"
jwà-lì	"colline"	gwá-lì	"cloison"
jo(ʼ)-lì	"queue"	go(ˋ)-lì	"dos"

j/c

déjà envisagés à propos de /c/

j/ɲ

jên-lì	"oeuf"	ɲên-lì	"dent"
kí jà	"couper"	kí ɲà	"sortir"
jwa(—)-	"garçon"	ɲwa(ˋ)-	"femelle"

j/y

kí jè	"proclamer"	kí yè	"s'habiller"
jên-(lì)	"oeuf"	yên-(lī)	"soleils"
kí jo(ˋ)gì	"picorer"	kí yo(ʼ)gì	"tamiser"

Phonétiquement :

Ce phonème est réalisé comme une occlusive dorso-post-palatale sonore. Dans les mêmes conditions que son partenaire sourd, il est réalisé plus en avant devant le labio-vélaire **w** :

Exemples :	jwà-lì	[j⃖wàlì]	"colline"
	jwô-nà	[j⃖wômà]	"queues"

et à l'initiale des polysyllabes, l'articulation relâchée lui donne un son affriqué :

Exemples :	jén.pwà-gù	[dzɛ́mpwàgù]	"coquille d'oeuf"
	jā.yē.lēn.tà-mò	[dzāyēlɛ̄ntàmò]	"escargot *sp.*"

Il est toujours palatal, oral et sonore.

Phonologiquement :

On le définit comme :

- palatal : j /d, g
- sonore : j /c
- non-nasal : j /ɲ
- non-continu : j /y

En position finale de radical R-, comme ses partenaires palatales, ce phonème n'est pas attesté.

j	initiale		finale		moyenne pondérée
Fréquence d'apparition dans le lexique	4, 8 %	3, 8 %	0 %	0 %	2, 9 %
	5, 7 %		0 %		2, 9 %

Le phonème /ɲ/

L'identité phonologique du phonème /ɲ/ ressort des rapprochements suivants :

ɲ/n

déjà envisagés à propos de /n/

ɲ/ŋ

kí ɲà(ˋ)	"sortir"	kí ŋà(ˇ)	"abandonner"
ō ɲá(ˊ)nì	"il a uriné"	ō ŋá(ˉ)nì	"il a bouilli"
ɲwà(ˆ)dì	"contemple !"	ŋwà(ˉ)dì	"suis !"

ɲ/y

ɲè-	"sésame"	(kí)yè	"s'habiller"
ɲên-(lì)	"dent"	yên-(ù)	"soleil"
ɲa(ˊ)n-dì	"fourmis *sp.*"	ya(ˋ)n-dì	"animaux"

ɲ/c, j

déjà envisagés à propos de /c/ et /j/.

Phonétiquement :

Ce phonème se réalise comme une nasale dorso-pré-palatale toujours sonore, de même point d'articulation que ses partenaires oraux c et j, avec cependant une plus large surface de contact du dos de la langue sur la voûte du palais dur et une plus faible tension de langue. Devant la labio-vélaire w, la réalisation de ce phonème s'effectue plus en avant comme c'est également le cas pour c et j.

Exemples : kí ɲwádì [kíɲ̄wádì] "contempler"
ɲwá.kòb-gù [ɲ̄wákɔ̀bgù] "moustache"

Il est toujours palatal, nasal et sonore.

Phonologiquement :

On le définit comme :

- palatal : ɲ/n, ŋ
- nasal : ɲ/c, j
- non-continu : ɲ/y

et on le classe comme :

- ordre : palatal
- série : nasal

En position finale de radical R-, l'opposition, entre les phonèmes des différents ordres de nasales, est neutralisée. Dans cette position, seules les réalisations phonétiques labiales, dentales et vélaires des nasales sont attestées : la nasale est alors homorganique de la consonne qui suit.

ɲ	initiale		finale		moyenne pondérée
Fréquence d'apparition dans le lexique	3, 2 %	2, 6 %	0 %	0 %	1, 9 %
	3, 9 %		0 %		1, 9 %

Le phonème /y/

L'identité phonologique du phonème /y/ ressort des rapprochements effectués à propos de /s/, /l/, /ɲ/, /c/, /j/ et des suivants :

y/w

yà-lì	"hache"	wà-dì	"froid"
ō yā	"dès que"	ō wā	"il a été petit"

Phonétiquement :

Ce phonème est réalisé comme une fricative dorso-palatale sonore et continue. Le dos de la langue, creusé sur toute sa longueur en canal, se rapproche de la partie centrale de la voûte du palais dur. L'air expiré par ce canal rétrécissant produit un son fricatif caractérisé.

A l'initiale des polysyllabes, l'articulation de ce phonème est relâchée ; la langue s'aplatit et sa réalisation devient alors du type spirant.

Exemples : yén sìn-ù [yɛ́nsìnù] "midi"
kí yúgú-dí [yúgúdɨ́] "soulever"

Phonologiquement :

On le définit comme :

- palatal : y/s, w
- continu : y/c, j
- non-nasal : y/ɲ
- non-latéral : y/l

et on le classe comme :

- ordre : palatal
- série : continue

En position finale de radicale R-, ce phonème, de même que ses partenaires, continus ou palatales, n'est pas attesté.

y	initiale		finale		moyenne pondérée
Fréquence d'apparition dans le lexique	5, 6 %	4, 5 %	0 %	0 %	3, 4 %
	6, 7 %		0 %		3, 4 %

Le phonème /k/

L'identité phonologique du phonème /k/ ressort des rapprochements suivants :

k/c

déjà envisagés à propos de /c/

k/kp

kàd-i (–)	"torche en paille pour enfumer les abeilles"	kpàd-i (\)	"gorille *Gorilla gorilla* Savage et Wyman (Anthropoïdeae)"
kan-ì (^)	"endroit"	kpan-ì (–)	"pintade *Numida meleagris* Linné (Numidideae)"
kí kâ:nì	"asseoir"	kí kpâ:nì	"pêcher"

k/g

kân-bī	"piment *Capsicum frutescens* L. (Solanaceae)"	gân-bì	"panthère *Panthera pardus* (Felideae)"
kí kàlì	"s'asseoir"	kí gàlì	"s'entremêler"
ō kú:dì	"il a hurlé"	ō gú:dì	"il a attendu"

k / ŋ

(\\) ka:-gù	"natte"	(^) ŋâ:-gù	"tisane *sp.*"
ō kwádì	"il a raclé"	ō ŋwádì	"il a suivi"
ō kú:dì	"il a hurlé"	ō ŋú:dì	"il a lavé"

Phonétiquement :

Ce phonème est réalisé comme une occlusive vélaire sourde. La pointe de la langue, dirigée vers le bas, s'appuie sur la face interne des dents du bas et la partie postérieure du dos de la langue prend contact avec le palais mou. Cette articulation est, comme en français, plus ou moins avancée ou reculée selon que la voyelle qui suit est antérieure ou postérieure.

Exemples :	kīlīmà	[←kīlīmà](1)	"parce que"
	kân-ù	[↓kânù]	"endroit"
	kù:-lì	[→kù:lɨ̀]	"houe"

Il est toujours vélaire, oral et sourd.

Phonologiquement :

On le définit comme :

- vélaire : k/c
- sans co-articulation labiale : k/kp
- sourd : k/g
- non-nasal : k/ŋ

et on le classe comme :

- ordre : vélaire
- série : sourd

En position finale du radical R-, l'opposition sourde/sonore est neutralisée ; c'est le partenaire sonore g qui est toujours attesté et c'est celui que nous conservons pour la transcription. Ainsi, toute la série sourde des occlusives orales est neutralisée à la finale de radical.

k	initiale		finale		moyenne pondérée
Fréquence d'apparition dans le lexique	3, 8 %	4, 8 %	0 %	0 %	2, 9 %
	5, 7 %		0 %		2, 9 %

(1) Déplacement de l'articulation : vers l'avant (←) ; vers l'arrière (→) ; sans déplacement (↓).

Le phonème /g/

L'identité phonologique du phonème /g/ ressort des rapprochements suivants :

g/j

déjà envisagés à propos de /j/

g/gb

kí gèdì	"aller"	kí gbèdì	"pourrir"
ō gá	"il a reçu"	ō gbá	"il s'est agenouillé"
kí gàlì	"s'entremêler"	kí gbàlì	"être incapable"

g/k

déjà envisagés à propos de /k/

g/ŋ

gá	"reçois !"	ŋá	"combien"
ō gábí	"il a gobé"	ō ŋábí	"il a arraché"
ō gú:dì	"il a attendu"	ō ŋú:dì	"il a lavé"

Phonétiquement :

Ce phonème est réalisé comme une occlusive vélaire sonore. Son articulation est identique à son partenaire sourd et varie aussi d'avant en arrière selon que la voyelle qui suit est antérieure ou postérieure.

Exemples :	kí gèdì	[kíg⃖èdɨ̀]	"aller"
	gà:-lì	[ꜜgà:lɨ̀]	"selle"
	kí gù:dì	[kíg⃗ù:dɨ̀]	"attendre"

En finale de radical R- et devant voyelle, il a une articulation relâchée spirante [ɣ]. La partie postérieure du dos de la langue, moins appliquée sur le voile du palais mou, laisse passer l'air qui, expiré dans ce rétrécissement plat, produit un son spirant.

Exemples :	líg-í	[líɣɨ́]	"monnaie"
	ɲòg-ù	[ɲɔ̀ɣù]	"poisson *sp.*"

Il est toujours vélaire, oral et sonore.

Phonologiquement :

On le définit comme :

- vélaire : g/j
- sans co-articulation labiale : g/gb
- sonore : g/k
- non-nasal : g/ŋ

et on le classe comme :

- ordre : vélaire
- série : sonore

En position finale de radical R-, l'opposition sourde/sonore est neutralisée, comme c'est d'ailleurs le cas pour l'ensemble des occlusives du gulmance. C'est la sonore qui est attestée dans cette position et c'est elle que nous conservons pour la transcription : ici la finale vélaire est notée g.

g	initiale		finale		moyenne pondérée
Fréquence d'apparition dans le lexique	3 %	2, 4 %	13 %	3, 9 %	7, 4 %
	3, 6 %		11, 3 %		7, 4 %

Le phonème /ŋ/

L'identité phonologique du phonème /ŋ/ ressort des rapprochements effectués à propos de /ɲ/, /k/, /g/ et des suivants :

ŋ/ŋm

kí ŋa(ˇ) "abandonner" — kí ŋma(´) "piétiner"

ŋâ:-(d)ì "tisanes *sp.*" — ŋmâ:-(l)ì "gale"

Phonétiquement :

Ce phonème est réalisé comme une occlusive vélaire nasale et toujours sonore. Son articulation présente les mêmes caractéristiques que ses partenaires oraux. Notre corpus n'attestant aucune combinaison de ce phonème avec les voyelles antérieures i et e, nous n'avons pas pu observer les éventuelles fluctuations du point d'articulation, en avant ou arrière, conditionnées par le caractère antérieur ou postérieur de la voyelle qui suit, comme nous l'avons constaté à propos de ses partenaires oraux k et g. Il est toujours vélaire, nasal et sonore.

Phonologiquement :

On le définit comme :

- vélaire : ŋ/ɲ
- sans co-articulation labiale : ŋ/ŋm
- nasal ŋ/k, g

et on le classe comme :

- ordre : vélaire
- série : nasale

En position finale de radical R-, l'opposition, entre les phonèmes des différents ordres de nasales, est neutralisée. Dans cette position, seules les réalisations phonétiques labiales, dentales et vélaires des nasales sont attestées : la nasale est alors homorganique de la consonne qui suit.

<table>
<tr><td>ŋ</td><td colspan="2">initiale</td><td colspan="2">finale</td><td>moyenne pondérée</td></tr>
<tr><td rowspan="2">Fréquence d'apparition dans le lexique</td><td>2, 6 %</td><td>2 %</td><td>0 %</td><td>0 %</td><td>1, 5 %</td></tr>
<tr><td colspan="2">3 %</td><td colspan="2">0 %</td><td>1, 5 %</td></tr>
</table>

Le phonème /kp/

L'identité phonologique du phonème /kp/ ressort des rapprochements effectués à propos de /p/, /k/ et des suivants :

kp/gb

ō kpyénì	"il a mis"	ō gbyénì	"il a rempli"
kpáb-lì(ˋ)	"os"	gbáb-lì(ˆ)	"bâton"
kí kpa(ˊ)nì	"crier"	kí gba(ˆ)nì	"s'agenouiller"

kp/ŋm

kpé	"meurs !"	ŋmé	"qui"
kí kpá	"enfoncer"	kí ŋmá	"piétiner"
kpâ:-(bù)	"culture"	ŋmâ:-(lì)	"gale"

kp/w

kí kpá	"enfoncer"	kí wá	"être petit"
kí kpa(ˊ)nì	"crier"	kí wa(ˆ)nì	"montrer"

Phonétiquement :

Ce phonème est réalisé comme une occlusive labio-vélaire sourde. La double occlusion, des lèvres et du voile du palais avec le dos de la langue, est très nette et est perçue comme simultanée. Les articulations labiale et vélaire sont ici de force comparable. Il est toujours labio-vélaire, oral et sourd.

Phonologiquement :

On le définit comme :

- labio-vélaire : kp/p, k
- sourd : kp/gb
- non-nasal : kp/ŋm
- non-continu : kp/w

et on le classe comme :

- ordre : labio-vélaire
- série : sourde

En position finale de radical R-, ce phonème, comme l'ensemble de ses partenaires labio-vélaires, n'est pas attesté.

kp	initiale		finale		moyenne pondérée
Fréquence d'apparition dans le lexique	4 %	3, 2 %	0 %	0 %	2, 4 %
	4, 8 %		0 %		2, 4 %

Le phonème /gb/

L'identité phonologique du phonème /gb/ ressort des rapprochements effectués à propos de /b/, /g/, /kp/ et des suivants :

gb/ŋm

gbê(ɑ̂)	"quoi"	ŋmé(ɛ́)	"qui"
ō gbá	"il s'est agenouillé"	ō ŋmá	"il a piétiné"

gb/w

gbá-dì	"canne"	wà-dì	"froid"
kí gbàdì	"comprendre"	kí wàdì	"diminuer"
kí gbânì	"s'agenouiller"	kí wânì	"montrer"

Phonétiquement :

Ce phonème est réalisé comme une occlusive labio-vélaire sonore. Comme pour son partenaire sourd, la double occlusion, des lèvres et du voile du palais avec le dos de la langue, est très nette et est perçue simultanément. Les articulations labiale et vélaire sont ici aussi de force comparable.

Phonologiquement :

On le définit comme :

- labio-vélaire : gb/b, g
- sonore : gb/kp
- non-nasal : gb/ŋm
- non-continu : gb/w

et on le classe comme :

- ordre : labio-vélaire
- série : sonore

En position finale de radical R-, ce phonème, comme l'ensemble de ses partenaires labio-vélaires, n'est pas attesté.

gb	initiale		finale		moyenne pondérée
Fréquence d'apparition dans le lexique	3, 5 %	2, 8 %	0 %	0 %	2, 1 %
	4, 2 %		0 %		2, 1 %

Le phonème /ŋm/

L'identité phonologique du phonème /ŋm/ ressort des rapprochements effectués à propos de /m/, /ŋ/, /kp/, /gb/ et des suivants :

ŋm/w

kí ŋmá	"piétiner"	kí wá	"être petit"
ŋma(̂): l-ò	"lune"	wa(̀): l-ò	"cadet"

Phonétiquement :

Ce phonème est réalisé comme une occlusive labio-vélaire, nasale et sonore. La double occlusion, des lèvres et du voile du palais avec le dos de la langue, est très nette et est perçue comme simultanée. L'articulation labiale semble être plus marquée que l'articulation vélaire ; la nasalisation de ce phonème est forte. Le phonème /ŋm/ semble être peu représenté (cf. tableau "fréquence d'apparition" ci-dessous) dans cette langue ; aussi il ne nous a pas été possible d'observer son comportement, sur le plan phonétique, dans des environnements de consonnes continues w ou y et/ou de voyelles (autres que la centrale a). Il est toujours labio-vélaire, nasal et sonore.

Phonologiquement :

On le définit comme :

- labio-vélaire : ŋm/m, ŋ
- nasal : ŋm/kp, gb
- non-continu : ŋm/w

et on le classe comme :

- ordre : labio-vélaire
- série : nasale

En position de radical R-, ce phonème, comme l'ensemble de ses partenaires labio-vélaires, n'est pas attesté.

<table>
<tr><td>ŋm</td><td colspan="2">initiale</td><td colspan="2">finale</td><td>moyenne pondérée</td></tr>
<tr><td rowspan="2">Fréquence d'apparition dans le lexique</td><td>1 %</td><td>0, 8 %</td><td>0 %</td><td>0 %</td><td>0, 6 %</td></tr>
<tr><td colspan="2">1, 2 %</td><td colspan="2">0 %</td><td>0, 6 %</td></tr>
</table>

Le phonème /w/

L'identité phonologique du phonème /w/ ressort des rapprochements effectués à propos de /f/, /y/, /kp/, /gb/ et /ŋm/.

Phonétiquement :

Ce phonème est réalisé comme une spirante labio-vélaire, continue et orale. La double occlusion, des lèvres et du voile du palais avec le dos de la langue, est réalisée très nettement dans le sens vélaire → labial, du fait d'une friction vélaire assez importante. Sa réalisation, en combinaison avec une palatale (consonne palatale : (c, j, ɲ, y) + w), est fortement antériorisée, aboutissant à une labio-palatale [ɥ ou ẅ], soit [cẅ, jẅ, ɲẅ, yẅ]

Exemples : jwā- [jẅā] "garçon"
kí ywàgì [kíyẅàɣɨ̀] "secouer"

Il est toujours labio-vélaire et continu.

Phonologiquement :

On le définit comme :
- labio-vélaire : w/f, y
- continu : w/kp,gb
- non-nasal : w/ŋm

et on le classe comme :
- ordre : labio-vélaire
- série : continue

En position finale de radical R-, ce phonème, de même que ses partenaires continus f, s et y, n'est pas représenté.

<table>
<tr><td>w</td><td colspan="2">initiale</td><td colspan="2">finale</td><td>moyenne pondérée</td></tr>
<tr><td rowspan="2">Fréquence d'apparition dans le lexique</td><td>2, 9 %</td><td>2, 3 %</td><td>0 %</td><td>0 %</td><td>1, 7 %</td></tr>
<tr><td colspan="2">3, 5 %</td><td colspan="2">0 %</td><td>1, 7 %</td></tr>
</table>

3.8. Définition des consonnes

Le système consonantique du gulmance comporte vingt phonèmes, définis comme suit :

/p/

labial	: p/t
sans co-articulation vélaire	: p/kp
sourd	: p/b
non-nasal	: p/m
non-continu	: p/f

/b/

labial	: b/d
sans co-articulation vélaire	: b/gb
sonore	: b/p
non-nasal	: b/m
non continu	: b/f

/m/

labial	: m/n
sans co-articulation vélaire	: m/ŋm
nasal	: m/p, b
non-continu	: m/f

/f/

labial	: f/s, l
sans co-articulation vélaire	: f/w
continu	: f/p, b
non-nasal	: f/m

/t/

alvéolaire	: t/p, c
sourd	: t/d
non-nasal	: t/n
non-continu	: t/s
non-latéral	: t/l

/d/

alvéolaire	: d/b, j
sonore	: d/t
non-nasal	: d/n
non-continu	: d/s
non-latéral	: d/l

/n/

alvéolaire	: n/m, ɲ
nasal	: n/t, d
non-continu	: n/s
non-latéral	: n/l

/s/

alvéolaire	: s/f, y
continu	: s/t, d
non-nasal	: s/n
non-latéral	: s/l

/l/

alvéolaire	: l/f, y
latéral	: l/t, d, s, n

/c/

palatal : c/t, k
sourd : c/j
non-nasal : c/ɲ
non-continu : c/y

/j/

palatal : j/d, g
sonore : j/c
non-nasal : j/ɲ
non-continu : j/y

/ɲ/

palatal : ɲ/n, ŋ
nasal : ɲ/c, j
non-continu : ɲ/y

/y/

palatal : y/s, w
continu : y/c, j
non-nasal : y/ɲ

/k/

vélaire : k/c
sans co-articulation labiale : k/kp
sourd : k/g
non-nasal : k/ŋ

/g/

vélaire : g/j
sans co-articulation labiale : g/gb
sonore : g/k
non-nasal : g/ŋ

/ŋ/

vélaire : ŋ/ɲ
sans co-articulation labiale : ŋ/ŋm
nasal : ŋ/k, g

/kp/

labio-vélaire : kp/p, k
sourd : kp/gb
non-nasal : kp/ŋm
non-continu : kp/w

/gb/

labio-vélaire : gb/b, g
sonore : gb/kp
non-nasal : gb/ŋm
non-continu : gb/w

/ŋm/

labio-vélaire : ŋm/m, ŋ
nasal : ŋm/kp, gb
non-continu : ŋm/w

/w/

labio-vélaire : w/f, y
continu : w/kp, gb
non-nasal : w/ŋm

3.9. Classement des consonnes

En groupant les consonnes caractérisées par un trait pertinent commun, on distingue :

1° - cinq classes :

1. les sourdes : p, t, c, k, kp
2. les sonores : b, d, j, g, gb
3. les nasales : m, n, ɲ, ŋ, ŋm
4. les continues : f, s, y, w
5. la latérale : l

2° - cinq ordres :

1. labial : p, b, m, f
2. alvéolaire : t, d, n, s, l
3. palatal : c, j, ɲ, y
4. vélaire : k, g, ŋ
5. labio-vélaire : kp, gb, ŋm, w

qui nous permettent d'établir le tableau suivant :

	ORDRES					
	Consonnes	labial	alvéolaire	palatal	vélaire	labio-vélaire
SERIES	sourde	p	t	c	k	kp
	sonore	b	d	j	g	gb
	nasale	m	n	ɲ	ŋ	ŋm
	continue	f	s	y		w
	latérale		l			

Fréquence d'apparition des tonèmes et des phonèmes

4.1. Comme nous l'avons indiqué précédemment, nous avons relevé pour chaque identification phonologique la fréquence d'apparition du tonème ou du phonème considéré dans différents contextes :

- pour les tons et les voyelles, selon que le radical monosyllabique est ouvert ou fermé,

- pour les consonnes, selon que l'on considère le phonème à l'initiale ou à la finale.

Nous reprenons ici l'ensemble de ces résultats présentés dans des tableaux, lesquels sont traduits par des graphes et commentés.

4.2. Fréquence d'apparition des tonèmes

Les fréquences d'apparition portées dans les tableaux, après l'analyse de chaque ton, sont consignées dans le tableau suivant où le chiffre indiquant la fréquence moyenne d'apparition du ton considéré, en syllabe ouverte ou fermée, est entre parenthèses.

ton	CV-	CV-		CVC-	CVC-		moyenne
V̀	44, 3 %	19, 1 %	(42, 3 %)	32, 2 %	18, 3 %	(33, 6 %)	38 %
V̄	8, 5 %	3, 6 %	(8, 1 %)	12, 1 %	6, 9 %	(12, 7 %)	10, 3 %
V́	21, 7 %	9, 3 %	(20, 7 %)	23, 6 %	13, 4 %	(24, 7 %)	22, 6 %
V̌	2, 8 %	1, 2 %	(2, 7 %)	2, 8 %	1, 6 %	(2, 9 %)	2, 8 %
V̂	22, 6 %	9, 7 %	(21, 5 %)	29, 3 %	16, 7 %	(30, 7 %)	26 %

Ces résultats peuvent être traduits par le graphe suivant :

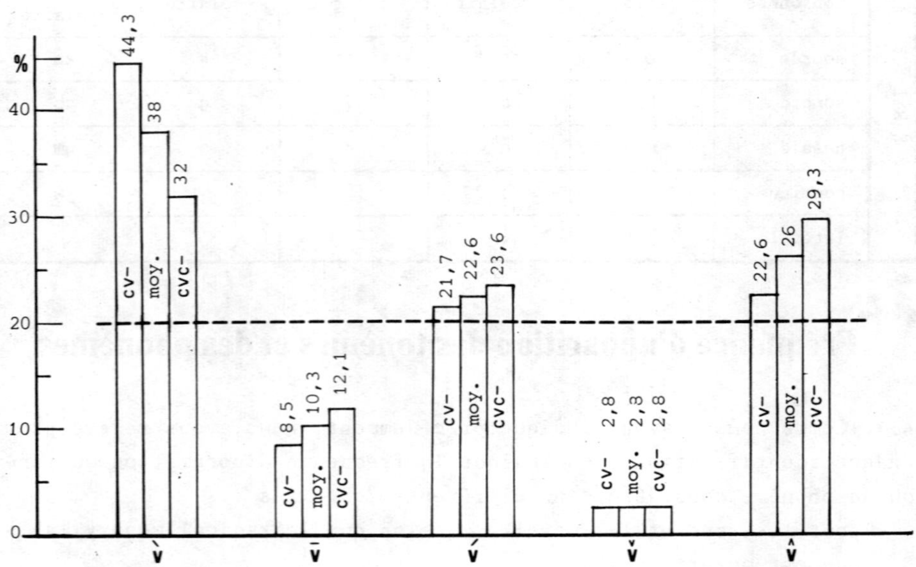

Dans l'ordre décroissant des fréquences d'apparition, les tons sont classés dans l'ordre suivant :

V̀ V̂ V́ V̄ V̌

avec un écart important entre V̀ (38 %) et V̌ (2, 8 %). On notera que seul le ton bas est plus représenté en syllabe ouverte qu'en syllabe fermée. La faible représentation du ton montant pourrait s'expliquer par une évolution de la langue qui commencerait soit à perdre son ton montant au profit du ton moyen ou le contraire. Le fait que nous n'ayons pas dégagé l'existence phonologique de ton composé ayant le niveau moyen comme élément ne permet pas de postuler une tendance à la naissance ou à la disparition du ton moyen. Il peut aussi s'agir d'une déficience au niveau de la notation.

4.3. Fréquence d'apparition des voyelles

Les fréquences d'apparition portées dans les tableaux, après l'analyse de chaque voyelle, sont consignées dans le tableau suivant où le chiffre indiquant la fréquence moyenne d'apparition de la voyelle considérée, en syllabe ouverte ou fermée, est entre parenthèses.

Voy.	/CV-	/CV + CVC	moyenne CV	/CVC-	/CVC-CV-	moyenne CVC	moyenne pondérée
i	9, 2 %	3 %	(8, 1 %)	12, 3 %	8, 3 %	(13, 7 %)	10, 7 %
e	7, 4 %	2, 4 %	(6, 5 %)	11, 4 %	7, 9 %	(12, 7 %)	9, 4 %
a	51, 8 %	16, 7 %	(45, 7 %)	40, 4 %	27, 4 %	(45, 2 %)	46 %
o	18, 5 %	6 %	(16, 3 %)	15 %	10, 1 %	(16, 7 %)	16, 7 %
u	13 %	4, 2 %	(11, 5 %)	21 %	14, 3 %	(23, 5 %)	17 %

Ces résultats peuvent être traduits par le graphe suivant :

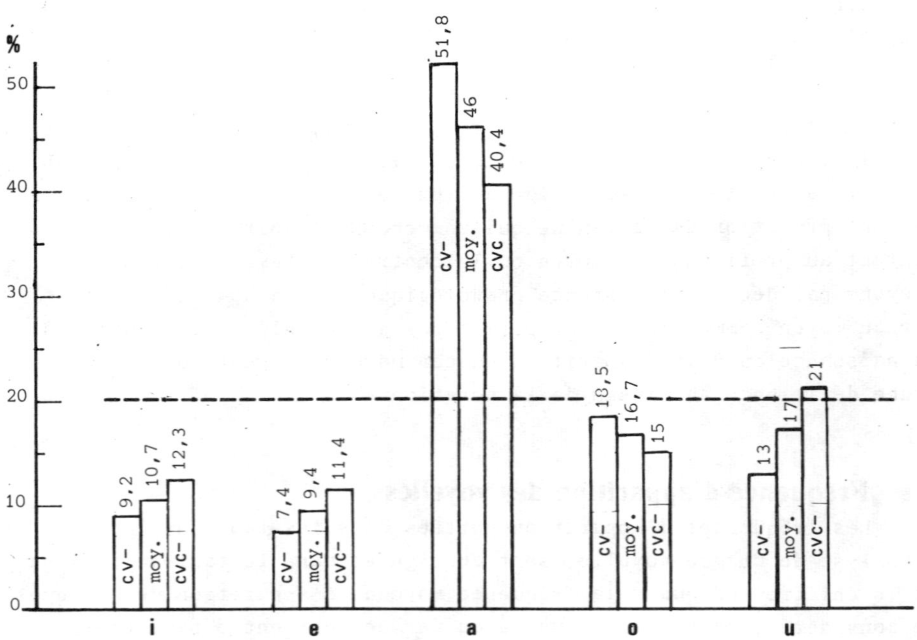

La fréquence d'apparition de la centrale est nettement dominante (46, 1 %) ; la répartition entre syllabe ouverte et fermée est très régulière. Ce graphe montre une très forte tendance du système vocalique à la centralisation, et une légère tendance à la postériorisation.

4.4. Fréquence d'apparition des consonnes

Les fréquences d'apparition portées dans les tableaux, après l'analyse de chaque consonne, sont consignées dans le tableau suivant[1] où le chiffre indiquant la fréquence moyenne d'apparition de la consonne considérée à l'initiale ou à la finale est mis entre parenthèses.

Consonnes	initiale			finale			moyenne
	A	B	C	A	B	C	
p	5,4	4,4	(6,5)				3,3
b	9	7,2	(11)	9	2	(7,3)	9
m	5,8	4,6	(7)				3,5
f	5,6	4,5	(6,7)				3,4
t	10,9	8,7	(13)				6,5
d	4,8	3,8	(5,7)	12,5	2,8	(10,2)	8
n	4,5	3,6	(5,4)	46,4	10,5	(37,9)	21,7
s	7,2	[illegible],8	(8,7)				4,3
l	5,1	4,1	(6,1)	19,2	4,4	(15,7)	10,9
c	6,2	5	(7,5)				3,7
j	4,8	3,8	(5,7)				2,9
ɲ	3,2	2,6	(3,9)				1,9
y	5,6	4,5	(6,7)				3,4
k	3,8	4,8	(5,7)				2,9
g	3	2,4	(3,6)	13	3,9	(11,3)	7,4
ŋ	2,6	2	(3)				1,5
kp	4	3,2	(4,8)				2,4
gb	3,5	2,8	(4,2)				2,1
ŋm	1	0,8	(1,2)				0,6
w	2,9	2,3	(3,5)				1,7

A représente la fréquence d'apparition de la consonne par rapport à l'ensemble des consonnes relevées à l'initiale ou à la finale (%)

B représente la fréquence d'apparition de la consonne par rapport à l'ensemble des consonnes relevées à l'initiale et à la finale (%)

C est la moyenne de A et B

Ces résultats sont traduits par trois graphes :

- le graphe n° 1 représente les fréquences d'apparition de chaque consonne (à l'initiale, à la finale et globalement),
- le graphe n° 2 donne les fréquences par série (sourde, sonore, nasale, continue, latérale),
- le graphe n° 3 donne les fréquences globales par ordre (labiale, alvéolaire, palatal, vélaire, labio-vélaire).

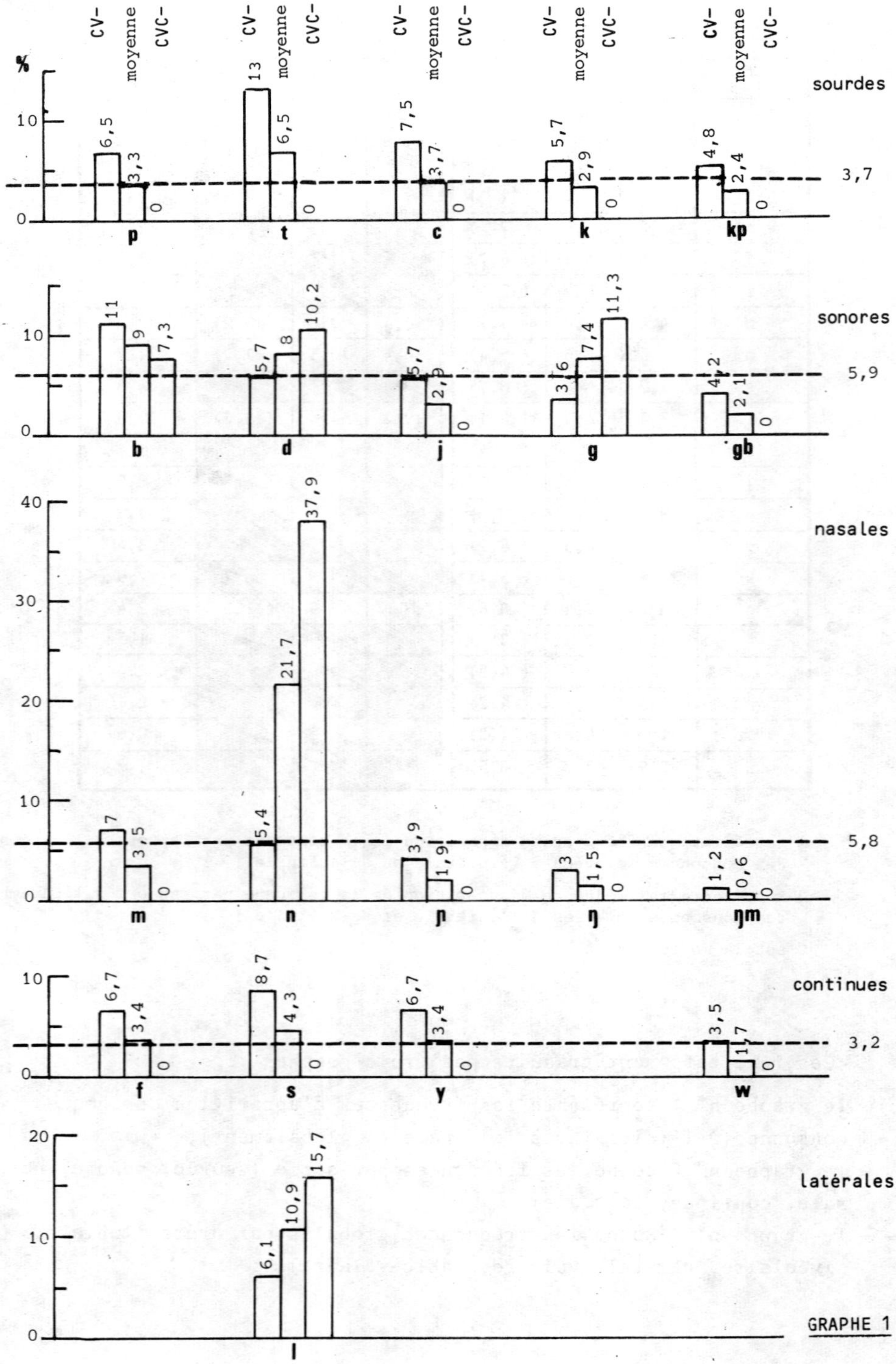
CV-
moyenne
CVC-
%
sourdes
3,7
p
t
c
k
kp
sonores
5,9
b
d
j
g
gb
nasales
5,8
m
n
ɲ
ŋ
ŋm
continues
3,2
f
s
y
w
latérales
l

GRAPHE 1

GRAPHE 2

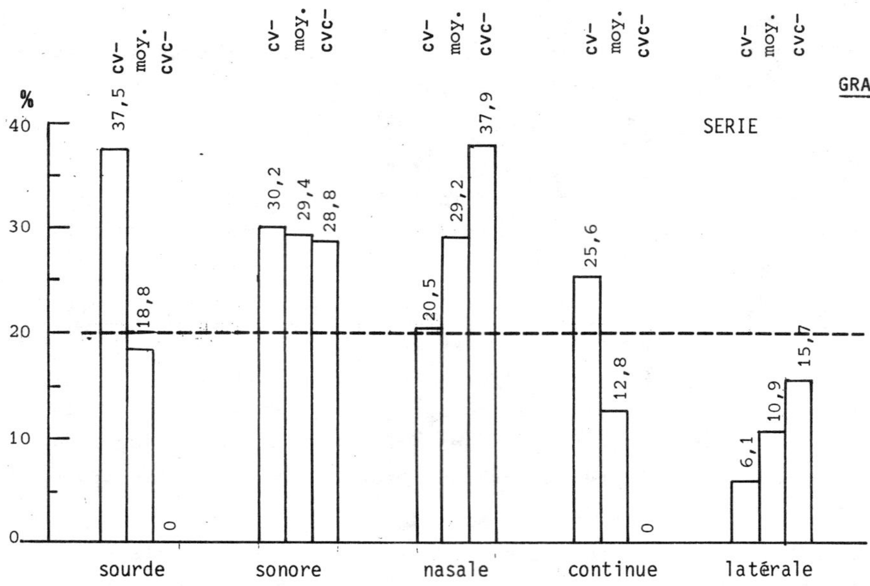

GRAPHE 3

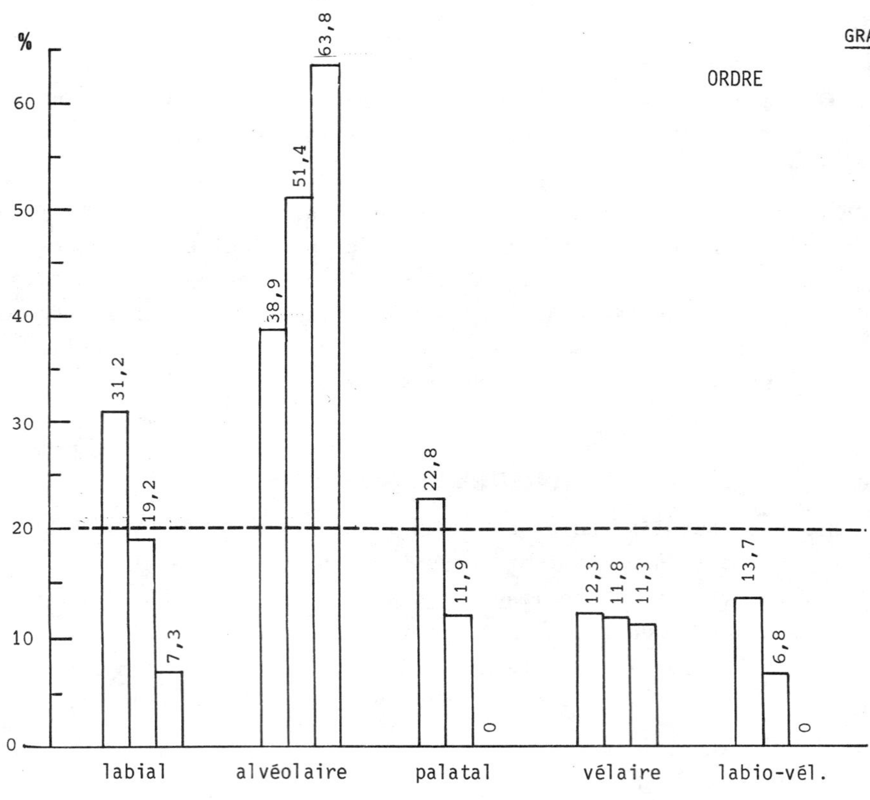

La série sourde, non attestée à la finale, est représentée régulièrement avec une prédominance sensible pour l'alvéolaire **t**. C'est la labio-vélaire qui est la moins fréquente.

La série sonore est la plus représentée, les trois consonnes qui apparaissent à l'initiale et à la finale **b**, **d** et **g** ont entre eux des pourcentages homogènes qui sont aussi les plus élevés de la série. La labio-vélaire sonore est moins fréquente que sa partenaire sourde.

La série nasale est très irrégulière et connaît les plus grands extrêmes de pourcentages entre l'alvéolaire **n** (21, 7 %) et la labio-vélaire **ŋm** (0, 6 %). C'est la nasale finale **N** qui donne à cette série la plus forte représentation après la série des sonores. A l'initiale on note une décroissance continue des fréquences d'apparition de la labiale à la labio-vélaire qui est la consonne la moins attestée du système.

La série continue, non attestée à la finale, est représentée régulièrement ; c'est la labio-vélaire qui est la moins attestée. La latérale, attestée à l'initiale et à la finale, est la consonne la plus représentée après l'alvéolaire nasale.

Ce sont les séries sonores et nasales qui sont les plus attestées lorsque l'on tient compte des fréquences moyennes d'apparition et à l'initiale, c'est la série sourde qui est la plus représentée. Dans l'ensemble, le graphe n° 2 donne une image assez homogène des séries représentées.

Ce n'est pas le cas du graphe n° 3, qui en raison même de la forte représentation de la nasale alvéolaire, en particulier à la finale, et des finales **l** et **d** donne à l'ordre des alvéolaires un maximum très net (51, 8 %) qui contraste avec les labio-vélaires peu représentées (6, 8 %). Les quatre ordres labial, palatal, vélaire et labio-vélaire sont représentés entre eux assez régulièrement.

Combinaisons de phonèmes

5.1. Ainsi que nous l'avons exposé dans l'introduction (1.1.), l'objet de notre étude est de déterminer les unités phonologiques distinctives. Etant en présence d'une langue à classe, où le nominal n'est pas autonome, nous avons dû recourir à une rapide analyse paradigmatique, permettant de dégager l'ensemble des radicaux, considérés comme unités lexicales servant de cadre, dans un premier temps, à l'analyse synchronique de la phonologie du gulmance. C'est dans le cadre de ces unités que sont envisagés ici les cas de combinaisons.

En gulmance, la structure syllabique du radical R- est du type monosyllabique fermé ou ouvert, avec les variantes suivantes :

CV- / CV_1V_2-,
CVC- / CV_1V_2C-

avec 32 % de structures du type CV- et 69 % du type CVC.

Dans un premier temps, nous examinons les combinaisons de tons, de voyelles, à l'intérieur de l'ensemble des radicaux R- des types CV_1V_2- et CV_1V_2C-.

Dans un second temps, nous examinons les combinaisons de consonnes entre l'initiale et la finale, à l'intérieur de l'ensemble des radicaux R- des types CVC- et CV_1V_2C-.

5.2. Combinaisons de voyelles

Nous examinons pour chacune des cinq voyelles du gulmance les compatibilités et les incompatibilités de couplage entre elles, dans le cadre des radicaux des types CV_1V_2- et CV_1V_2C-. Lorsqu'il y a compatibilité de couplage entre deux voyelles, la fréquence d'apparition est relevée dans le tableau suivant. Le chiffre affiché en pourcentage dans les cases à double entrée (V_1/V_2) représente la fréquence d'apparition de telle combinaison par rapport à l'ensemble des combinaisons où la première voyelle V_1 est commune ; le chiffre affiché en bas de chaque colonne, en regard de chaque voyelle de première position (V_1), représente la fréquence moyenne d'apparition des combinaisons de voyelles où la première voyelle est commune, par rapport à l'ensemble des combinaisons de voyelles ; le chiffre affiché à droite de chaque ligne, en regard de chaque voyelle de deuxième position (V_2), représente la fréquence moyenne d'apparition des combinaisons de de voyelles où la deuxième voyelle est commune, par rapport à l'ensemble des combinaisons de voyelles.

Cependant l'examen de ces tableaux nous a conduit à ne pas retenir l'hypothèse de combinaisons vocaliques i + V, u + V.

		1ère position (V_1)					
		i	e	a	o	u	total
2ème position (V_2)	i	9,5 %					9,5 %
	e	6,7 %					6,7 %
	a	8,4 %		28,8 %		29,6 %	66,8 %
	o					10,9 %	10,9 %
	u					6,2 %	6,2 %
	total	24,6 %		28,8 %		46,7 %	100 %

	V_1 = u					V_1 = i				
V_2	i	e	a	o	u	i	e	a	o	u
p			6,3				12,2	9,7		
b			7,9	0,8				7,3		
m			7					9,7		
f			3,9	7,9				2,4		
t			4,7	4,7			7,3	4,9		
d			2,4	0,8			4,9	4,9		
n			3,9							
s			7,9	0,8				4,9		
l			3,9	3,9			7,3	4,9		
c			3,1	1,6						
j			3,9							
ɲ			5,5							
y			3,7							
k			6,3	0,8						
g			3,1	1,6						
ŋ			3,9							
kp							7,3	4,9		
gb							4,9	2,4		
ŋm										
w										

Nous interprèterons les combinaisons de voyelles d'une part en considérant les groupes où V_1 et V_2 sont identiques, comme des voyelles longues, les oppositions phonologiques existent donnant un système à trois voyelles longues :

i: u:

a:

où il y a neutralisation des voyelles d'aperture médiane. D'autre part, nous considèrerons les combinaisons i + e et i + a comme résultant d'une palatalisation due à la consonne y donnant Cye et Cya et les combinaisons u + o et u + a comme résultant d'une labialisation due à la consonne w donnant Cwo et Cwa. Les tons portés par les deux voyelles sont alors considérés comme amalgamés sur la voyelle alors unique. Cela introduit un système vocalique plus compliqué et surtout des combinaisons de consonnes C + y et C + w bien que l'analyse phonologique du gulmance ne fait ressortir aucun groupe de consonnes.

Phonétiquement la réalisation des combinaisons où la première voyelle est u prête à confusion devant les consonnes labiales ou labio-vélaires ; il est alors, en locution rapide, pratiquement impossible de percevoir le timbre de la première voyelle u ; c'est une forte labialisation que l'on entend. En élocution délibérée, la distinction de deux phonèmes vocaliques est nette.

L'examen des consonnes initiales (tableau suivant) dans les groupes CV_1V_2- et CV_1V_2C- fait ressortir que :

- lorsque V_1 est la postérieure u, on ne relève aucune combinaison avec les consonnes labio-vélaires,
- lorsque V_2 est l'antérieure i, on ne relève aucune combinaison avec la nasale alvéolaire n, les cinq palatales, les trois vélaires, la nasale et la continue labio-vélaires.

L'identité phonologique des consonnes palatales n'en est pas pour autant remise en cause puisqu'elles se combinent avec la postérieure u. Si l'on postulait l'existence de vélaires palatalisées par la voyelle antérieure, il faudrait alors admettre l'existence de groupes à trois voyelles qui seraient toujours du type C + i + u + V et qui interviendraient exclusivement en présence d'une consonne initiale vélaire.

5.3. Combinaisons de tons

L'analyse des combinaisons de tons est réduite au même cadre que l'analyse des voyelles en succession. Nous examinons pour chacun des cinq tonèmes du gulmance les compatibilités et les incompatibilités de couplage entre elles, dans le cadre des radicaux des types CV_1V_2- et CV_1V_2C-. Lorsqu'il y a compatibilité de couplage entre deux tons, la fréquence d'apparition est relevée dans le tableau suivant. Le chiffre affiché en pourcentage dans les cases à double entrée (T_1/T_2) représente la fréquence d'apparition de telle combinaison par rapport à l'ensemble des combinaisons où le premier ton (T_1) est commun ; le chiffre affiché en bas de chaque colonne, en regard de chaque ton de première position (T_1), représente la fréquence moyenne d'apparition des combinaisons de tons où le premier ton est commun, par rapport à l'ensemble des combinaisons de tons ; le chiffre affiché à droite de chaque ligne, en regard de chaque ton de deuxième position (T_2), représente la fréquence moyenne d'apparition des combinaisons de tons où le deuxième ton est commun, par rapport à l'ensemble des combinaisons de tons.

	1ère position (T_1)					
	bas	moyen	haut	montant	descendant	total
bas	33,2 %		27,7 %			60,9 %
moyen		12,4 %				12,4 %
haut	3,3 %		23,3 %			26,6 %
montant						
descendant						
total	36,5 %	12,4 %	51 %			100 %

C_1 \ C_2	p	b	m	f	t	d	n	s	l	c	j	ɲ	y	k	g	ŋ	kp	gb	ŋm	w	Moy.	
B	0 *0*	6,7 *0,6*	8,3 *0,6*	20 *1,1*	7,7 *1,1*	0 *0*	0 *0*	7,7 *0,6*	18,2 *1,1*	28,6 *1,1*	0 *0*	28,6 *1,1*	0 *0*	10 *0,6*	0 *0*	50 *0,6*	12,5 *0,6*	20 *0,6*	0 *0*	0 *0*	10,9 *9,7*	10,3
D	10 *0,6*	6,7 *0,6*	16,7 *1,1*	0 *0*	19,2 *2,8*	0 *0*	0 *0*	0 *0*	18,2 *1,1*	14,3 *0,6*	20 *0,6*	0 *0*	10 *0,6*	30 *1,7*	40 *1,1*	0 *0*	12,5 *0,6*	20 *0,6*	0 *0*	0 *0*	10,9 *12*	11,4
N	50 *2,8*	40 *3,4*	41,7 *2,8*	40 *2,2*	57,7 *8,5*	83,3 *2,8*	50 *1,7*	76,9 *5,6*	27,3 *1,7*	14,3 *0,6*	60 *1,7*	42,8 *1,7*	50 *2,8*	50 *2,8*	60 *1,7*	50 *0,6*	37,5 *1,7*	60 *1,7*	0 *0*	14,3 *0,6*	45,3 *47,4*	46,3
L	10 *0,6*	20 *1,7*	33,3 *2,2*	40 *2,2*	3,8 *0,6*	16,7 *0,6*	33,3 *1,1*	0 *0*	18,2 *1,1*	28,6 *1,1*	0 *0*	14,3 *0,6*	20 *1,1*	10 *0,6*	0 *0*	0 *0*	37,5 *1,7*	0 *0*	100 *1,1*	57,1 *2,2*	22,1 *18,5*	20,3
G	30 *1,7*	26,7 *2,2*	0 *0*	0 *0*	11,5 *1,7*	0 *0*	16,7 *0,6*	15,4 *1,1*	18,2 *1,1*	14,3 *0,6*	20 *0,6*	14,3 *0,6*	20 *1,1*	0 *0*	0 *0*	0 *0*	0 *0*	0 *0*	0 *0*	28,6 *1,1*	10,8 *12,4*	11,6

5.4. Combinaisons entre consonnes initiales et finales

L'analyse des consonnes en finale de radical a fait ressortir, dans cette position, un système réduit excluant la série des sourdes et des continues, les ordres des palatales et des labio-vélaires et les nasales autres que /n/, soit :

B	D	G
	N	
	L	

Nous examinons pour chacune des 20 consonnes du gulmance à l'initiale, les compatibilités et les incompatibilités de couplage avec ces cinq consonnes, lorsqu'elles sont en position finale dans le cadre des radicaux des types CVC- et CV_1V_2C-. Lorsqu'il y a compatibilité de couplage entre deux consonnes, la fréquence d'apparition de la combinaison en question est relevée dans le tableau de la page précédente.

Le chiffre affiché en pourcentage dans les cases à double entrée (initiale/finale) représente la fréquence d'apparition de telle combinaison par rapport à l'ensemble des combinaisons de consonnes à initiale commune ; le chiffre affiché en bas de chaque colonne, en regard de chaque consonne initiale, représente la fréquence moyenne d'apparition des combinaisons de consonnes à initiale commune, par rapport à l'ensemble des combinaisons de consonnes ; le chiffre affiché à droite de chaque ligne, en regard de chaque consonne finale, représente la fréquence moyenne d'apparition des combinaisons de consonnes à finale commune, par rapport à l'ensemble des combinaisons de consonnes. Les chiffres en italique indiquent la fréquence d'apparition de telle combinaison par rapport à l'ensemble des combinaisons de consonnes.

3. CLASSES NOMINALES

La brièveté de notre enquête ne nous permet pas de présenter le système des classes du gulmance dans son ensemble avec les mécanismes d'accord existant entre le nominal et ses différents déterminants.

C'est pourquoi, dans les limites de notre corpus, nous ne pouvons ici, faire que quelques remarques à propos des classes nominales et formuler une hypothèse concernant leur nombre et leur notation morphophonologique. Il est bien évident que ces courtes notes restent insuffisantes à rendre compte du système complet des classes de la langue.

La langue gulmance est caractérisée par un système de suffixes qui régit l'ensemble des nominaux du fond lexical. Le nom se présente donc sous une forme bi-monématique, comportant un radical R- et un suffixe nominal -SN, indice de classe (R-SN). Les radicaux d'une part et les suffixes de classe d'autre part ont été respectivement identifiés en faisant varier l'une ou l'autre des deux unités monématiques, dans le cadre d'un même paradigme et en appliquant les procédés de commutation.

exemples :

1) bòn - lī "chose"
   sàg - lī "blessure"
   kwâ - lī "interdit"

2) gbân- à "carapaces"
   gbân- dī "peaux"

   nùn - gà "face"
   nùn - bù "oeil"

On constate l'existence d'une série d'oppositions binaires, définissant le genre singulier ou pluriel du nom (1). Ces oppositions ont permis dans la plupart des cas, de déterminer la suture morphologique des deux monèmes: R- et -SN.

exemples : mwán - ò "buffle"
mwán - ī "buffles"

tà: - gā "pluie"
tà: - mū "pluies"

LISTE DES SUFFIXES DE CLASSES NOMINALES = HYPOTHESE

1 - -ò
2 - -bā
3 - -ù
4 - -ī
5 - -gā
6 - -mū
7 - -mā
8 - -bū
9 - -lī
10 - -à
11 - -gū
12 - -dī

Ainsi, les classes nominales, au nombre de douze, sont groupées en paires ou genres qui marquent l'opposition singulier/pluriel. Le couplage de ces classes est le suivant :
1/2, 1/4, 1/6, 1/10, 1/12
3/4, 3/10
5/4, 5/6, 5/10, 5/12
7/10
8/4, 8/12
9/10
11/12

(1) Sauf pour la plupart des nominaux de la classe 7 (fluides et abstraits) et des nominaux qui, à cause de leur sens, ne peuvent avoir de correspondants singulier ou pluriel.

Certains nominaux appartenant aux classes suivantes, se présentent sans partenaire singulier ou pluriel :1,3,4,5,7,8,9,10,11,12.

exemples :			
	1/2	twâd - ò / twâd - bā	"gendre/s, bru/s"
	5/6	cā - gā / cā - $\overline{\text{mu}}$	"hanche/s"
	9/10	kū: - lī / kū: - nā	"houe/s"
	7	dâ: - mà	"bière de mil"
	12	sî:n - dī	"vomissements"

Le tableau suivant fait ressortir la fréquence d'apparition des couplages de classes nominales, ainsi que des non-couplages dans le cadre de l'ensemble des nominaux du corpus.

Pl. →			P		P		P				P		P	
Sg ↓	%	1	2	3	4	5	6	7	8	9	10	11	12	sans couplage
S	1		5,5		11,1		0,1				2		0,3	0,3
	2													
S	3				8,5						0,1			1,3
	4													2,4
S	5				0,3		7,2				0,7		0,6	0,6
	6													
(X)	7										0,1			9,8
S	8				0,3								2,4	0,7
S	9										26,5			1,7
	10													0,1
S	11												11,1	1,5
	12													3,9

(couplages)

(pourcentage effectué sur 539 échantillons)

On constate que les couplages, ou les non-couplages, les plus usités sont les suivants : 1/2, 1/4, 3/4, 5/6, 7, 9/10 et 11/12/

Pour quelques suffixes nominaux, nous avons relevé des variantes à l'intérieur d'une même classe nominale. Il n'est pas exclu que certaines de ces variantes soient des marques de dérivation ou des classes secondaires. Deux types de variantes se présentent :

- par changement phonématique
- par changement tonématique.

Le premier cas de variante est attesté sur les suffixes nominaux vocaliques des classes 1, 3, 4 et 10 (et aussi dans la classe 2, mais avec des particularités telles que leur étude nous paraît relever entièrement de l'analyse du syntagme nominal) (1). Dans ces cas-là, et lorsque le radical est à syllabe ouverte, la suture morphologique est marquée par deux voyelles en présence. Or les successions de voyelles ne sont pas attestées en gulmance. Deux cas sont alors envisageables :

- amalgame des deux voyelles (et des tons qu'elles portent) :
  a + o = a ; a + i = e ; u + i = i

exemples :	|pyà - ō|	/pyā/	"mouton"
	|pyà - ī|	/pyē/	"moutons"
	|nwà - ò|	/nwà/	"boeuf"
	|nwà - ī|	/nwē/	"boeufs"
	|nú - ū|	/nû/	"main"
	|nú - ī|	/nî/	"mains"
	|dī - ī|	/dī/	"mil"

Le deuxième cas de variante est attesté sur l'ensemble des suffixes nominaux, sauf ceux qui relèvent de la classe 8. On constate l'apparition de tons précessifs bas, pour les suffixes nominaux des classes 2, 7, 9, 11 et 12, et bas ou haut pour ceux des classes 7 et 9. Les tons précessifs s'amalgament avec le ton porté par la dernière voyelle du radical.

exemple :	|pà:-m-ī|	/pà:mī/	"insectes *sp.*"
	|pwó-\`bā|	/pwôbā/	"femme"
	|má:-\`mà|	/mâ:mà/	"parole"

REMARQUE

Un même radical peut recevoir des suffixes ou des couples de suffixes distincts ; il s'agit alors d'un procédé de dérivation.

exemple :	tân-lī	(9)	"pierre"
	tân-gù	(11)	"rocher"

---

(1) Provisoirement nous classerons ici les formes particulières du -SN de la classe 2, comme des variantes .de |-bā|.

jò-gà	(5)	"circoncision"
jò-dì	(12)	"excision"
gòl-lì/gòl-là	(9/10)	"dos sg./pl."
gòl-gà/gòl-mù	(5/6)	"bossu sg./pl."
nùn-gà/nùn-mù	(5/6)	"face sg./pl."
nùn-bù/nùn-ì	(8/4)	"oeil sg./pl."

4. LEXIQUES

Introduction aux lexiques

Les lexiques gulmance-français et français-gulmance, présentés ci-après, ont pour but de justifier les résultats formulés au cours de notre analyse de la phonologie gulmance et de fournir l'ensemble du corpus recueilli.

Bien que l'étude complète de la langue ne soit pas encore faite, nous avons tenu à y introduire le maximum de renseignements linguistiques possibles. C'est ainsi que l'ensemble du vocabulaire gulmance recueilli est présenté, pour les nominaux, les verbaux et les adjectivaux à partir du radical commun. Pour chaque terme nous avons à côté du radical fait correspondre, dans l'ordre, sa ou ses forme/s nominale/s, verbale/s et adjectivale/s le cas échéant.

Le nominal est présenté avec, dans l'ordre :

- la forme structurelle du radical ;
- le numéro ou le couple de numéro, entre parenthèses, indiquant la classe ou le couple de classes correspondant ;
- la ou les forme/s phonologique/s réalisée/s dans la langue, après adjonction du suffixe de classe au radical. Lorsque les deux réalisations singulier et pluriel existent, elles sont séparées par une barre oblique ;
- la traduction en français

exemple :	tī	(8/12)	tībù/tīdī	"arbre", (*n.génér.*)
	jên	(9/10)	jênlī/jênà	"oeuf"
	kò	(7)	kòmà	"faim"

Comme nous l'avons dit à propos des classes nominales, le fonds lexical des nominaux peut être augmenté par changement de suffixe de classe à partir d'un radical donné. Il s'agit d'un procédé de dérivation. Dans ces cas-là, nous avons choisi de présenter les termes nouveaux selon l'ordre phonologique, en tenant compte de la classe singulier du terme en question.

exemple : sâ:n- (8/12) sâ:nbū/sâ:ndī *Butyrospermum parkii* Kotschy (Sapotaceae)

sâ:n- (9/10) sâ:nlī/sâ:nà *Butyrospermum parkii* Kotschy (Sapotaceae) fruit.

Les verbaux sont présentés sous la forme : Radical-Suffixe verbal (R-SV). Pour déterminer la suture morphologique, c'est-à-dire la finale du radical, nous avons, selon les cas, fait varier le suffixe verbal dans le cadre de la conjugaison ou, lorsque cela n'était pas productif, nous avons examiné les cas de dérivation par changement de catégorie.

exemple : ɲá- (7) ɲámà "urine"
ɲá- ɲádì "uriner"

La forme "infinitive" du verbe est marquée par le préfixe "proverbal" toujours à ton haut : kí-.

Le verbal est présenté avec, dans l'ordre :
- la forme structurelle du radical,
- la forme infinitive,
- la traduction en français

exemple : līg- kī līglī "chatouiller"

La forme structurelle des adjectivaux a été obtenue en appliquant les règles de classes d'accord. Pour un même adjectival, nous avons examiné les variations conditionnées par le contact des nominaux choisis dans chacune des classes nominales.

L'adjectival est présenté avec, dans l'ordre :
- la forme structurelle du radical,
- la forme phonologique de l'adjectival, tel qu'il apparaît dans la langue en position isolée,
- la traduction française

exemple : yàb- yàbà "grand".

Les composés sont découpés d'après les règles phonologiques et les éléments constitutifs sont séparés par un point. Lorsque ces derniers sont identifiés, leur traduction mot à mot est donnée entre parenthèses

exemple : nân.kpà (7) nânkpàmà (viande, huile), graisse animale.

L'ensemble du lexique gulmance-français est présenté dans l'ordre phonologique de la langue. Les voyelles sont ordonnées suivant leur degré d'aperture i, e, a, o, u ; les voyelles longues apparaissent immédiatement après les brèves correspondantes.

Les consonnes sont classées suivant leurs points d'articulations en respectant dans chaque ordre le mode d'articulation soit : p, b, m, f, t, d, n, s, l, c, j, ɲ, y, k, g, ŋ, kp, gb, ŋm, w.

ABREVIATIONS

f.l. = français local

n.v. = nom vulgaire

Lexique gulmance-français

(ordre phonologique)

p

pí.tà			trente
pí.tòn-	(9/10)	pítònlì/pítònà	bélier
pìdì (kí)			ouvrir un abcès
pìdì (kí)			balayer
pîn-	(11/12)	pîngù/pîndì	natte
píní (kì)			couvrir
pí.nà			quarante
pīlā (kí)			gonfler
pí.lyè			vingt
pí:dí (kí)			trouver
pí:ní (kí)			enterrer
pèdì (kí)			hache
pêndì (kí)			dépasser
pélígá			vieux
pyê-	(3/4)	pyêmù/pyêmì	flèche
pyèbì (kí)			souffler
pyèdì (kí)			déterrer
pyēnì			blanc
pyêgà			dix
pà-	(9/10)	pàlì/pàlà	coeur
pà (kí)			donner
pǎ (kí)			payer
pǎ			fort
pápà-	(11/12)	pápàgū/pápàdī	morceau de tissu
pàbì (kí)			s'évanouir
pàbì (kí)			gifler
pá.byèn-	(9/10)	pábyènlì/pábyènà	colère
pàd-	(9/10)	pàdlì/pàdà	sacrifice
pàdì (kí)			déchirer
pàn-	(9/10)	pànlì/pànà	cuisse

pàl.béná			fâché
pàgàd-	(9/10)	pàgàdlì/pàgàdà	enclos
pàgàd-	(11/12)	pàgàdgù/pàgàddì	ouverture
pàgàdì (kì)			ouvrir
pàgànì (kì)			fermer
pà:-	(8)	pà:bù	cadeau
pà-:	(1/4)	pà:mò/pà:mī	insecte *sp.*
pâ:dī (kì)			séparer
pá:nì			neuf
pà:l-	(3)	pà:lū	vigueur
pà:g-	(12)	pà:gdí	louanges
pyà-	(1/4)	pyà/pè	mouton
pyá (kì)			avoir
pyâ			large
pyàl-	(1/4)	pyàlò/pyàlī	antilope *sp.*
pwà-	(9/10)	pwàlì/pwànà	foie
pwá (kì)			frapper
pwâ-	(1/2)	pwâ/pwôbà	femme
pwā.bēnī (kí)			envelopper
pwàn-	(5/6)	pwàngà/pwànmù	bas-ventre
pwān-	(1/10)	pwāndò/pwāndà	crapaud *sp.*
pwàn.tìn-	(5/6)	pwàntìngà/pwàntìnmū	pubis
pwàg-	(9/10)	pwàglì/pwàgà	carapace
pò			sur
pó.câ-	(1/10)	pócâmò/pócâmà	vieille femme
pwò-	(9/10)	pwòlì/pwònà	tante
pwô-	(11/12)	pwôgù/pwôdì	panse
pwóm.fà:mà (kì)			mentir
pwò.lì.pō			derrière
pwó.kpá.gà-	(9/10)	pwókpágàlì/pwókpágà	femme célibataire
pú			rien
pûpū-	(12)	pûpūdì	mousse (de savon,etc.)
púdí (kì)			a)- éclater
			b)- percer
pûd.bwâ-	(9/10)	pûdbwâlì/pûdbwânà	bouc
pûn-	(9/10)	pûnlì/pùnà	pénis
púndí (kì)			arriver
púndī (kì)			égaler
púlí (kì)			griller

pūl.si:-	(5/6)	pūlsi:gà/pūlsi:mū	dos
pún.ɲī-	(7)	púnɲīmà	(pénis/eau) sperme
púg-	(8/12)	púgbù/púgdī	*Tamarindus indica* L. (Caesalpiniaceae) ; n.l. : tamarinier
púgni (kí)			augmenter
pú:-	(5/6)	pú:gà/pú:mú	hernie
pǔ:-	(7)	pǔ:mà	fleur
pû:di (ki)			asperger d'eau avec la bouche

b

bí-	(5/10)	bígà/bílà	enfant
bidi (ki)			bégayer
bin-	(9/10)	binli/binà	année
bin-	(12)	bindi	excréments
bindi (ki)			faire rouler quelque chose
bílí (ki)			poser
bī.lúli			tous
bi:-	(9/10)	bi:li/binà	sein
bi̥:-	(12)	bi̥:di	pus
bǐ:-	(7)	bǐ:mà	lait de femme
bi;di (ki)			être gâté
bi:g-	(9)	bì:glì	épreuve
bí:g-	(9)	bí:glì	obscurité
bì:gì (kí)			mesurer
bè (ki)			cuire
bèn-	(9/10)	bènli/bènà	poitrine
bén-	(3/10)	bénú/bénà	branche
béyò			pourquoi
bà-	(9/10)	bàli/bàlà	placenta
bà (ki)			gagner
bā (ki)			tomber
bá-	(9/10)	báli/bálà	ourlet
-bǎ		bānī.bi-	eux-mêmes
		mini.m̀-	moi-même
		fini.à-	toi-même
		tímbà.ti-	nous-mêmes
		wōn.ô-	lui-même

bâ-	(9)	bâlī	chefferie
bâ-	(1/2)	bâ/bâmbā	père
bâ.bī.jwà-	(1/2)	bâbījwà/bâbījwàbā	(père!petit!garçon), adversaire
bābā			seul
bā.bûd-	(11/12)	bābûdō/bābûddī	panier
bád-	(1/2)	bádō/bádcēbā	chef
bâdő-	(11)	bâdōgû	(père!village), village du père
bád.mànd-	(1/4)	bádmàndō/bádmàndī	*Orycteropus afer* Pallas (Orytēropideae) n.l. : cochon de terre
bád.jwà-	(1/2)	bádjwà/bádjwàbà	(chef!garçon), fils du chef
bán-	(7)	bánmā	connaissance
bàndī (kí)			savoir
bángì (kí)			apprendre
bàlī (kí)			moudre
bàlī (kí)			porter sur l'épaule
bâl.jō-		bâljō/bâljě	cravache
bāg-	(5/6)	bāggā/bāgmū	petite gourde
bāg-	(9/10)	bāglī/bāgā	gourde
bāg.bí-	(5/6)	bāgbígā/bāgbīmū	petite gourde
bà:-	(9/10)	bà:lī/bà:nà	chance
bà:-	(11)	bà:gū/bà:dī	invocation
bà:-	(11/12)	bà:gū/bà:dī	marigot
bà:b-	(3/4)	bà:bū/bà:bī	corde
bâ:lī (kí)			caresser
bâ:lī-	(7)	bâ:līmā	caresse
bá:gī (kí)			consoler
bà:gà			peut-être
byà-	(9/10)	byàlī/byànā	bracelet
byā			méchant
byá (kí)			se perdre
bwà-	(11/12)	bwàgū/bwàdī	bras
bwā (kí)			vouloir
bwàbwà-	(9/10)	bwàbwàlī/bwàbwànā	grenier en torchis
bwádī (kí)			griffer
bwānī			noir
bwânī (kí)			courber

bwál-	(1/4)	bwálò/bwálī	python *sp.*
bwâ.lò-	(11/12)	bwâlògū/bwâlòdī	aisselle
bwā.cáb-	(9/10)	bwācáblī/bwācábà	épaule
bwágdī (kī)			partager
bób.mà:-	(1/10)	bóbmà:lò/bóbmà:dà	potier
bōnbōn.bīg-	(9)	bónbōnbìglì	ténèbres
bòn-	(9)	bònlī	chose
bôn-	(9/10)	bônlī/bônà	trou
bōn.pwô-	(5/10)	bōnpwôgà/bōnpwôlà	fille
bōnbī-	(7)	bōnbīmà	graine
bòn.dū.dī			jaune
bōn.cán.lâ			beaucoup
bwòl-	(3/4)	bwòlū/bwòlī	espèce
búbù-	(9/10)	búbùlī/búbùnà	marmite en terre
búdī (kī)			pleurer
būl-	(3/4)	būlū/būlī	mur
bùlī (kī)			semer
būlā			bleu
búl.ɲwàb-	(3/4)	búlɲwàbù/búlɲwàbī	(mur!bouche), porte
bùgī (kī)			porter sur l'épaule

m

mǐ			aigre
mà (kī)			forger
mâ (kī)			construire
mâ̰ (kī)			accoucher
mǎn-	(5/6)	mǎngà/mǎmú	utérus
mānī			bon
mángī (kī)			manger
mál-	(7)	málmà	accouchement
mál.tī			doux
mágī (kī)			tordre
má:-	(1/2)	má:nò/má:bà	forgeron
mâ:-	(7)	mâ:mà	parole
má:dī (kī)			parler
mà:n-	(9/10)	mà:nlī/mà:nà	habitude
mâ:n-	(11)	mâ:ngù	rosée

mà:nī (kī)			s'habituer
mâ:.gbī-	(5/6)	mâ:gbīgā/mâ:gbīmū	étoile
myā (kī)			demander
myá-	(3/4)	myánū/myánī	nez
myâ-	(9/10)	myâlī/myânā	vie
myá.bòn-	(3/4)	myábònū/myábònī	(nez!trou) narine
mwá-	(9/10)	mwálī/mwálà	musulman
mwǎ (kī)			sucer
mwâ-	(8)	mwâbū	aliment *sp.*
mwâ-	(11/12)	mwâgū/mwâdī	herbe
mwábī			étroit
mwán-	(1/4)	mwánò/mwánī	buffle
mwānī			rouge
mwāl-	(7)	mwālmà	enflure
mwálī (kī)			enfler
mòb-	(4)	mòbī	*Digitaria longiflora* Pers. (Poaceae), n.v. Fonio, millet
mó.mwā-	(12)	mómwādī	boue
mó.mwàn-	(4)	mómwànī	vérité
mōlāmōlā			moment
mū			cinq
mù (kī)			piquer
mú.bòn-	(3/4)	múbònū/múbònī	anus
múmúnī (kī)			saisir
mú.twò-	(9/10)	mútwòlī/mútwònà	chagrin
mûd-	(5/6)	mûdgà.mûdmú	chat
múdī (kī)			casser
mûl-	(1/4)	mûlō.mûlī	sourd-muet
mǔn-	(4)	mǔnī	fumée
mú.kwân-	(9/10)	múkwânlī/múkwânà	charbon
mú.gbân-	(9/10)	múgbânlī/múgbànà	fesse
mû:d-	(7)	mû:dmà	piqûre
mù:l-	(4)	mù:lī	riz

f

fī (kī)			se lever
fīl-	(1/4)	fīlō/fīlī	trompe d'éléphant
fīdī (kī)			pouvoir
fīn-	(11/12)	fīngū/fīndī	enveloppe
fīnī (kī)			embrasser
fīgī (kī)			souffler
fê-	(4)	fê	honte
féb-	(9/10)	féblī/fébā	bouton
fâ (kī)			laver le visage
fàn-	(3/4)	fànū/fànī	cuisine
fán-	(7)	fánmā	place
fānmā			rien
fân.tā-	(7)	fântāmā	feu
fàn.tân-	(9/10)	fàntânlī/fàntánā	pierre de foyer
fân.tán.pyè-	(7)	fântánpyèmā	cendre
fāwā:-	(7)	fāwā:mà	air
fà:-	(7)	fà:mà	mensonge
fâ:-	(11/12)	fâ:gū/fâ:dī	feuille
fā:mī (kī)			faire attention
fā:nī			léger
fà:l-	(3)	fà:lū	vent
fyâb-	(3/4)	fyâbū/fyâbī	aile
fwâ-	(9/10)	fwâlī.fwânā	forêt
fwâ.mūd-	(5/6)	fwâmūdgā/fwâmūdmū	(forêt!chat), *Felis sylvestris libyca* Forster (Felideae)
fwâdī (kī)			se déplacer
fwágī			long
fwâ.gwàd-	(3)	fwâgwàdū	chasse
fòbī (kī)			arracher
fôl-	(5/6)	fôlgā/fôlmū	petit bonnet
fôl-	(9/10)	fôllī/fôlā	bonnet
fwò-	(4)	fwònī	sifflement
fwō-	(7)	fwōmà	respiration
fwǒ (kī)			respirer

fwô-	(8/12)	fwôbù/fwôdì	*Ceiba pentandra* Gaertn. (Bombaceae), n.v. : fromager
fwô-	(9/10)	fwôlì/fwônà	*Ceiba pentandra* Gaertn. (Bombaceae) : fruit
fwôdì (kí)			se reposer
fwôdi (kí)			ressusciter
fwódí-	(7)	fwódímà	repos
fwôn-	(12)	fwòndì	salutations
fwónì (kí)			siffler
fûndì (kí)			s'éveiller

t

tì-	(8/12)	tìbù/tìdì	arbre
tí-	(9/10)	tílì/tílà	livre
tìn-	(5/6)	tìngà/tìnmū	fond
tìn-	(5)	tìngà	terre
tîn-	(9/10)	tînlì/tînà	*Arachis hypogea* L. (Fabaceae), n.v. : arachide
tín.kpà-	(7)	tínkpāmà	huile d'arachide
tì.ɲā-	(9/10)	tìɲālì/tìɲānà	tronc
tì:pō			sous
tí:mwán-	(9/10)	tí:mwánlì/tí:mwánà	pois *sp.*
tí:ndí (kí)			filtrer
têd-	(5/6)	têdgà/têdmū	nid
têlì-	(3/4)	têlìmù/têlìmì	conte
têlìnì (kí)			conter
tyèn-	(5/10)	tyènì/tyèndǎ	façon
tyên-	(3/4)	tyênū/tyênū	devin
tyènī (kí)			faire
tà			trois
tā-	(9/10)	tālì/tālà	écuelle
tá-	(7)	támà	terre
tâ (kí)			prendre
táb-	(1)	tábò	tabac
tābì (kí)			accuser
tàbdì (kí)			décoller

tá. byā-	(5/6)	tábyāgā/tábyāmū	(jambe ! bracelet) cheville
tāmā			peut-être
tāmā (kī)			croire
tá.fā-	(11/12)	táfāgū/táfādī	pied
tàfád-	(3)	tàfádù	vent
tá.tín.dí-	(9/10)	tátīndīlī/tátīndā	talon
tâ.tà-	(9/10)	tâtàlī/tâtàlā	plante des pieds
tā.tán-	(9/10)	tātánlī/tātánā	grêle
tàdī (kī)			diminuer
tādī (kī)			faiblir
tádī-	(1/10)	tádīmò/tádīmā	faible
tádā-	(5/6)	tádāgā/tádāmū	assiette
tā.dā:n-	(1/2)	tādā:nō/tādā:nbā	dieu de la pluie, du tonnerre,du ciel
tàn-	(1/4)	tànpǒ/tànpě	gifle
tā.bwā-	(5/6)	tābwāgā/tābwāmū	cynocéphale *sp.*
tán-	(12)	tándī	torchis
tân-	(9/10)	tânlī/tánā	pierre
tân-	(11)	tângū	rocher
tán.bî-	(7)	tánbîmā	sable
tǎn.gū-	(1/4)	tǎngūbō/tǎngūbī	*Manihot utilissima* Pohl. (Buxoïdeae), n.v. : manioc
tán.gūn-	(11)	tángūngū	poussière
tán.kpîn-	(9/10)	tánkpînlī/tánkpînā	joue
tán.kpâ.lūn-	(11/12)	tánkpâlūngū/tánkpâlūndī	flûte *sp.*
tán.gbān-	(11)	tángbāngū	terre battue
tá.jīn-	(3/4)	tájīnū/tájīnī	(jambe ! tendon) tendon d'Achille
tá.jèn.bí-	(9/10)	tájènbílī/tájènbílā	(pied ! oeuf ! enfant, oeuf ! enfant = clitoris, pied ! clitoris), orteil
tā.jèn.tīndí-	(9/10)	tājèntīndílī/tájèntīndā	talon
tā.ɲwā-	(1/4)	tāɲwā/tāɲwè	jument
tā.yād-	(11/12)	tāyādgū/tāyādā	nuage
tā.kū-	(9/10)	tākūlī/tākūlā	tombe
tágī (kī)			créer
tāgānī (kī)			suivre
tā.ŋà-	(11/12)	tàŋàgù/tàŋàdì	matin
tā.wā-	(9/10)	tāwālī/tāwālā	nuage

tâ.wōg-	(9/10)	tâwōglī/tâwōgà	soulier
tà:-	(1/4)	tà:mō/tà:mī	cheval
tà:-	(5/6)	tà:gà/tà:mū	pluie
tà:-	(7)	tà:mà	foi
tà:-	(9/10)	tà:lī/tà:nà	pied
tá:-	(9/10)	tá:lī/tá:nā	jambe
tâ:-	(7)	tâ:mà	troisième
tā:bī (kī)			tâter
tá:dī (kī)			récolter
tâ:dà:n-	(1/2)	tâ:dà:nō/tâ:dà:nbà	bourreau
tà:nị (kī)			joindre
tâ:ndī (kī)			tendre
tá:lī (kī)			commissionner
tā:gī (kī)			féconder
tyád-	(7)	tyádmà	souvenir
tyádī (kī)			se souvenir
twà-	(8)	twàbū	guerre
twàd-	(3)	twàdū	chasse
twād-	(1/10)	twādō/twādà	chasseur
twâd-	(1/2)	twâdō/twâdbà	gendre, bru
twâd.bá-	(1/2)	twâdbá/twâdbâmbà	(gendre / bru ! père) beau-père
twád.nā-		twádnā/twádnāmbà	(gendre / bru ! mère) belle-mère
tō (kī)			piler
tō			amer
tòdī (kī)			aider
tòn-	(1/4)	tòndō/tòndī	messager
tōn-	(9/10)	tōnlī/tōnā	mâle
tógódī (kī)			raconter
tógònà-	(1/2)	tógònà/tógònāmbà	promise
twò-	(8/12)	twòbū/twòdī	*Adansonia digitata* L. (Bombacaceae), n.v. : baobab
twò-	(11/12)	twògū/twòdī	*Adansonia digitata* L. (Bombacaceae) - fruit
twò (kī)			accepter
twòn-	(9/10)	twònlī/twònā	travail
twónī (kī)			heurter

twōnī			chaud
tūb-	(9/10)	tūblī/tūbā	oreille
tûtù-	(11/12)	tûtùgù/tùtùdî	*Cuculus sp.*, n.v. : coucou
túdî (kí)			pousser
tûn-	(9/10)	tûnlī/tûnà	*Phaseolus sp.*, n.v. : haricot
tùl-	(3/4)	tùlù/tùlî	cou
túlú-	(3/4)	túlúmú/túlúmî	tissu
tùg-	(9/10)	tùglī/tùgā	fardeau
túg-	(9/10)	túglī/tūgā	articulation
túg-	(3/12)	túgù/túgdī	ventre
tùgî (kí)			porter
tūg.pwān-	(3/4)	tūgpwānū/tūgpwānī	diarrhée
tú:-	(9/10)	tú:lī/tú:nà	petite termitière
tú:dî (kí)			butter
tú:n-	(1/4)	tú:nò/tú:nī	petite termite *sp.*

d

dī-	(4)	dī	*Rhaphis sorghum* L. (Poaceae), n.v. : mil
dî.wè-	(4)	dîwè	*Pennisetum spicatum* L. (Poaceae), n.v. : petit mil
dî:nì (kí)			plonger
dî:nlà			aujourd'hui
dî:ngī			mou
dyè-	(11/12)	dyègù/dyèdî	maison
dyē-	(9/10)	dyēlī/dyēnā	chambre
dà (kí)			1. acheter, 2. égaler
dāpâ:-	(11/12)	dāpâ:gù/dāpâ:dī	planche
dàpùl-	(1/4)	dàpùlò/dàpùlī	*Mus musculus* Linné (Murideae), n.v. : souris
dà.pwágà-	(9/10)	dàpwágàlī/dàpwàgā	écorce
dàpwòlī			Ouest

dà.bàn-	(9/10)	dàbànlī/dàbànà	arc de chasse
dā.būn-	(1/4)	dābūnò/dābūnī	reptile saurien *sp.* n.v. : margouillat
dàdī (kî)			tirer
dángī (kî)			rêver
dā.lěn.kúlī			toujours
dágádī			d'accord
dà:-	(5/6)	dà:gà/dà:mū	marché
dà:-	(9/10)	dà:lī/dà:nà	jour
dà:-	(11/12)	dà:gù/dà:dī	bois
dǎ:.			pas encore
dâ:-	(7)	dâ:mà	bière de mil
dà:n-	(12)	dà:ndī	rêves
dā:n-	(1/2)	dā:nò/dā:nbā	propriétaire
dyâ-	(1/4)	dyâmō/dyâmī	boiteux
dyânī (kî)			écrire
dwàn-	(3/4)	dwànū/dwàní	lit
dwân-	(11/12)	dwângù/dwândī	maison moderne
dwànī (kî)			se coucher
dò (kî)			monter
dō-	(1/4)	dō/dwě	village
dò-	(7)	dòmà	ascension
dògònī (kî)			entasser
dwòl-	(1/4)	dwòlò/dwòlī	porc
dú-	(8/12)	dúbù/dúdí	*Parkia biglobosa* Benth. (Mimosaceae), n.v. : néré
dúdù-	(11/12)	dúdùgù/dúdùdì	vièle monocorde
dúdùl-	(1/4)	dúdùlò/dúdùlī	*Naja nigricollis* Reinhardt (Elapideae), n.v. : naja
dûn-	(9/10)	dûnlī/dúnà	genou
dúnī (kî)			gronder
dún.yù-	(9/10)	dúnyùlī/dúnyùmà	(genou ! tête) rotule
dúgī (kî)			nager
dû:nī (kî)			essuyer

n

nì			dans
nî (kî)			déféquer
nǐ			huit
nīl-	(1/2)	nīlò/nīlbà	homme
nī:npǒ			dehors (état)
nī:nī			dehors (mouvement)
nî:nî (kî)			battre
-ně (ō-)			celui-ci
nê			ici
nà-	(1/4)	nàmò/nàmī	scorpion
nā-	(1/2)	nā/nāmbà	mère
ná-	(9/10)	nálī/nálà	plaie
nâ			quatre
ná.bī-	(9/10)	nábīlī/nábīlà	doigt
ná.mā-	(8/12)	námābù/námābī	*Sclerocarya birrhoea* Hochst. (Anacardiaceae)
nā.mōn-	(1/4)	nāmōnò/nāmōnī	hyène
ná.tà-	(9/10)	nátàlī/nátàlà	paume
ná.tòn-	(9/10)	nátònlī/nátònà	taureau
ná.tà:n-	(3/4)	nátà:nù/nátà:nī	(mère ! même) frère, soeur
nân-	(11/12)	nângù/nândī	viande
nândī (kî)			rattraper
nāndà			ainsi
nân.ɲù-	(7)	nânɲùmà	(viande ! jus), soupe à la viande
nân.kò-	(7)	nânkòmà	(viande ! faim), faim de viande
nân.kpà-	(7)	nânkpàmà	(viande ! huile), graisse
ná.lō:nlòn-	(9/10)	nálō:nlònlī/nálō:nlònà	guêpe *sp.*
ná.jà-	(9/10)	nájàlī/nájàlà	taureau
ná.yā-	(11/12)	náyāgù /náyādì	ongle
nā.kàm.bǎ			ici
nāgā			proche
nā.ŋà-	(7)	nāŋàmà	lait
ná.kpán.dún-	(9/10)	nákpándúnlī/nákpándúnà	coude
ná.kpān.sī:-	(5/4)	nákpānsī:gà/nákpānsî:	abeille *sp.*

nâ:-	(9)	nâ:lī	le moule
nā:nī (kī)			écraser
nā:nā (kī)			ressembler
nwà-	(1/4)	nwà/nwē	boeuf
nwá-	(11/12)	nwágū/nwádī	intestin
nwádī (kī)			prendre un bébé
nwānwā-	(1/4)	nwānwā/wnénwè	vache
nwāgū			vert
nû-	(3/4)	nû/nī	main
nû (kī)			puer
núbī (kí)			sentir
nú.byà-	(5/6)	núbyàgà/núbyāmū	(main ! bracelet) poignet
nùn-	(5/6)	nùngà/nùnmù	face
nùn-	(8/4)	nùnbù/nùnī	oeil
nún.byà-	(11/12)	núnbyàgū/núnbyàdī	pirogue
nùn.twālī			Est
nún.sí-	(11/12)	núnsígū/núnsídī	larme
nún.kòb-	(11/12)	núndòbgū/núnkòbdī	(oeil ! poil), cil sourcil
nún.gbā-	(9/10)	núngbālī/núngbānà	paupière
nùlù.kúlī			personne
nú.ɲà-	(11/12)	núɲàgū/núɲàdī	griffe
núg-	(9/10)	núglī/nûgà	*Varanus niloticus* Linné (Varanideae), n.v. : gueule tapée, varan
nùgī (kí)			pétrir
nū:l-	(3/4)	nū:lū/nū:lī	odeur

l

lī.pǒ			là-bas
līnlīn-	(9/10)	līnlīnlī/līnlīnā	bouteille
lī.kā.nī			là
lī.kúlī			tout
líg-	(4)	lígí	monnaie
líglī (kí)			châtouiller

lī:b-	(1/4)	lī:bō/lī:bī	*Hippopotamus amphibius* Linné (Hippopotamideae) n.v. : hippopotame
lī:ngī (kī)			chercher
lī:gā			devant
lê			où
lébīdī (kī)			retourner
lèdī (kī)			emprunter
lèdè			comment
lènī (kī)			goûter
lèlē			sept
lyé			deux
lyēnī			dedans
lyêbī (kī)			transvaser
là (kī)			rire
lā (kī)			voir
lân	(8/12)	lânbū/lândī	bruit
làn.byà-	(9/10)	lànbyàlī/lànbyànà	menton
làn.byà-	(11/12)	lànbyàgū/lànbyàdī	barbe
lǎ:ŋànà			mauvais
lyàd-	(9/10)	lyàdlī/lyàdā	vêtement
lyádī (kī)			lècher
lwā-	(9/10)	lwālī/lwānà	rivière
lwâb-	(12)	lwâbdī	poison de flèche *sp.*
lwàn-	(1/10)	lwàndō/lwàndà	grenouille *sp.*
lwàl-	(1/4)	lwàlō/lwàlī	*Rattus n.i.* Fisher (Murideae) : rat
lwâgànī (kī)			accrocher
lôn-	(5/6)	lôngà/lônmū	tambour d'aisselle
lòlī (kī)			attacher
lṓwâ:-	(11/12)	lṓwâ:gū/lṓwâ:dī	cour commune
lwò (kī)			manquer
lwô-	(9/10)	lwôlī/lwônà	carquois
lwô.bà			six
lwô-	(1/4)	lwônò/lwômī	*Loxodonta africana* Blumenbach (Elephantideae) n.v. : éléphant
lwōl-	(3/4)	lwōlū/lwōlī	cour

lû (kí)			tresser
lùd-	(7)	lùdmà	surprise
lùdī (kí)			surprendre
lúg-	(9/10)	lúglī/lúgà	champignon *sp.*
lúgī (kí)			tisser
lúgùd-	(1/4)	lúgùdò/lúgùdī	tisserant
lúgdī (kí)			lancer

S

sì (kí)			toucher
sî (kí)			cracher
sīn-	(11/12)	sīngù/sīndī	poisson de rivière *sp.*
sîn-	(11/12)	sîngù/sîndī	sève
síndī (kí)			changer de sens
síndí (kí)			être rachitique
sín.nà-	(9/10)	sínnàlī/sínnālà	blessure
sín.nā.yā-	(11/12)	sínnāyāgù/sínnāyādī	cicatrice
sī.gîn.nì			entre
sí:-	(5/4)	sí:gà/sî:	mouche *sp.*
sî:n-	(12)	sí:ndī	vomissements
sênbī-	(9/10)	sênbīlī/sênbà	grenier à mil
sèdī (kí)			s'arrêter
sèn.sèn-	(12)	sènsèndī	malpropre
sāb-	(11/12)	sābgù/sābdī	herbe aquatique *sp.*
sā.mâ:n-	(1/2)	sāmâ:nlò/sāmâ:nbà	cuisinier
sā.má:n.dyè	(9/10)	sāmá:ndyèlī/sāmá:ndyènà	cuisine
sá.dá.má:n-	(9/10)	sádámá:nlī/sádámá:nà	lézard *sp.*
sàn-	(3/4)	sànù/sànī	chemin
sànī (kí)			courir
sán.pènd-	(1/10)	sánpèndō/sánpèndā	passant
sán.pèndī-	(5/6)	sánpèndīgà/sánpèndīmū	écureuil arboricol *sp.*
sán.pàdī-	(9/10)	sánpàdīlī/sánpàdâ	bifurcation
sān.bī-	(9/10)	sānbīlī/sānbīlà	piste
sān.bīn.bī-	(9/10)	sānbīnbīli/sānbīnbīnā	grande route
sân.dà.bī-	(5/10)	sândàbīlī/sândàbīlà	sentier
sán.cà-	(9/10)	sáncàmù/sáncàmì	clef
sân.jà-	(1/2)	sânjàlò/sânjàbà	brigand
sân.gō.līn-	(3/4)	sângōlīnù/sângōlīnī	petite route sinueuse

sân.gō.līn-	(11/12)	sângōlīngù/sângōlīndī	route sinueuse
sân.gbān-	(1/4)	sângbānlò/sângbànlī	chien *sp.*
sàlī (kî)			maudire
sāl.jî-	(1/2)	sāljî/sāljímbà	gardien des circoncis
sálgî (kî)			adoucir
sàsàd-	(4)	sàsàdi	démangeaisons
sâ.yō.bī-	(5/6)	sâyōbīgà/sâyōbīmū	petit
sâ.yō.bī-	(9/10)	sâyōbīlī/sâyōbà	moyen
sâ.yō.bī-	(11/12)	sâyōbīgù/sâyōbīdī	*Cricetomys gambianus* Waterhouse (Murideae) ; n.v. : rat de Gambie
sàg-	(9/10)	sàglī/sàgà	blessure
sāg-	(4)	sāgī	gravier
sàgī (kî)			déplacer
sàgī (kî)			frire
sāgī (kî)			blesser
sāgī (kî)			remuer
sàgà-	(7)	sàgàmà	entorse
sà:-	(8/12)	sà:bù/sà:dī	pâte de mil
sà:n-	(5/6)	sà:ngà/sà:nmū	petit pot
sà:n-	(9/10)	sà:nlī/sà:nà	pot de terre utilisé pour cuisiner
sâ:n-	(8/12)	sâ:nbù/sâ:ndī	*Butyrospermum parkii* Kotschy (Sapotaceae) ; n.v. : karité
sâ:n-	(9/10)	sâ:nlī/sâ:nà	*Butyrospermum parkii* Kotschy (Sapotaceae) ; fruit
sâ:n.kpè-	(8/4)	sâ:nkpèbù/sâ:nkpè	*Butyrospermum parkii* Kotschy (Sapotaceae) ; noyau de fruit
sá:lá			demain
sá:lǎ.ywâ			après-demain
sà:cī-	(5/6)	sà:cīgā/sà:cîmù	*Xerus erythropus maestus* Thomas (Sciurideae) ; n.v. : écureuil fouisseur
sā:gī			rugueux
syà (kî)			brûler
syâ-	(12)	syâdī	miel
swâ-	(7)	swâmà	sang

swán-	(1/2)	swánō/swánbā	sorcier
swân-	(11)	swângū	ombre
swānī (kí)			travailler
swānī (kí)			trouver
swānī (kí)			envoyer
swāngī			froid
swàgī.nī (kī)			avancer
swàgì.nì (kī)			traduire
swāgí.nì.dò	(1/10)	swāgéndō/swāgéndā	interprète
sóngī (kí)			écouter
sólnī			pointu
swô			silencieux
sû (kí)			voler quelque chose
súndí (kí)			oublier
súgì (kí)			insulter
súgū-	(12)	súgùdī	insultes
sûgūd-	(1/10)	sûgùdō/sûgùdā	voleur

c

cī.pè:n-	(3/4)	cīpè:nū/cīpè:nī	pleine lune
cí.bùl-	(11/12)	cíbùlgū/cíbùldī	dot
cídí (kí)			provoquer
cīl-	(1/4)	cīlō/cīlī	lune
cíl-	(7)	cílmà	début
cílī (kí)			commencer
cī :-	(5/6)	cī:gā/cī:mū	ampoule (cloque de la peau)
cí:ndī (kí)			éternuer
cē (kí)			cueillir
cên-	(9/10)	cênlī/cênà	marche
cégī (kí)			encercler
céngī (kí)			écouter
cā-	(5)	càgā	danse
cā-	(5/6)	càgā/càmū	hanche
cà (kí)			tirer
cá-	(1/4)	cámō/cámī	aîné
cá-	(1/2)	cálō/câbà	mari
câ-	(9/10)	câlī/cânà	puits

câ-	(11/12)	câgù/câdī	abri
càb-	(9)	càblī	destin
cáb-	(9/10)	cáblī/cábā	tissu en bande
cābī (kí)			verser
cābī (kí)			saluer
cād-	(9/10)	cādlī/cādā	couteau
cādí (kí)			gratter
cádī			usé
cádí (kí)			échapper
cání (kí)			accompagner
cán.pànī-	(5/6)	cánpànīgà/cánpànūmū	bébé
càn.càg-	(9/10)	càncàglī/càncàgà	termite *sp.*
cácá-	(11/12)	cácágù/cácádī	morceau de poterie cassée
cácà:-	(11/12)	cácà:gù/cácà:dī	chaussure
cā.yà:n-	(9/10)	cāyà:nlī/cāyà:nà	rein
cǎ:cà-	(11/12)	cǎ:càgù/cǎ:càdī	sarclage
câ:.gbī-	(9/10)	câ:gbīlī/câ:gbīnà	forage
cwā-	(9/10)	cwālī/cwānà	jarre
cwá-	(9)	cwálī	compte
cwâ (kí)			venir
cwânī (kí)			apporter
cō-	(1/4)	cō/cē	scarification faciale
cō (kí)			attraper
còg-	(9/10)	còglī/cògà	fatigue
cógī (kí)			lire
cògà (kí)			fatiguer
cógónī (kí)			enseigner
cwóní (kí)			s'accroupir
cwônī (kí)			marcher
cû:-	(9/10)	cû:lī/cû:nā	case-porche

j

jídí (kí)			descendre
jílnī (kí)			tourner
jî:n-	(3/4)	jî:nù/jî:nī	racine, tendon
jè-	(7)	jèmà	nourriture

jē (kī)			proclamer
jê (kí)			craindre
jén-	(8/12)	jénbū/jéndī	vagin
jên-	(9/10)	jênlī/jênà	oeuf
jènū			Nord
jén.pwā-		jénpwāgù/jénpwàdī	coquille d'oeuf
jén.bī-	(9/10)	jénbīlī/jénbīlà	clitoris
jènjèn-	(5/12)	jènjèngā/jènjèndī	chauve-souris *sp.*
jén.jā-	(11/12)		araignée *sp.*
jélī (kí)			danser
jà-	(1/4)	jàmò/jàmī	poisson de rivière *sp.*
jà (kí)			couper
jânbī (kí)			tricher
já.fān-	(1/2)	jáfānò/jáfāmbà	jeune fille
ján.kpā:n-	(3/4)	jánkpā:nū/jánkpā:nī	pêche
ján.kpā:n-	(1/2)	jánkpā:nlō/jánkpā:nbā	pêcheur
ján.kpā:n-	(9/10)	jánkpā:nlī/jánkpā:nà	harpon
jà.yèl-	(5/6)	jàyèlgā/jàyèlmū	coquille d'escargot
jā.yēlēn.tām-	(1/4)	jāyēlēntāmò/jāyēlēntàmí	escargot *sp.*
jág-	(9/10)	jáglī/jágà	vision
jágànī (kí)			monter
jágdī (kí)			émietter
jà.kpā.gā-	(9/10)	jàkpāgālī/jàkpágà	célibataire homme
jā.kpúl-	(1/10)	jākpúlù/jākpúlà	vieillard
jà.wà-	(1/2)	jàwālò/jàwābà	jeune homme
jà.wà:n-	(12)	jàwà:ndī	peur
jwà-	(9/10)	jwàlī/jwānà	colline
jwā-	(1/2)	jwā/jwābà	garçon
jwâ-	(1/4)	jwâmō/jwâmī	aveugle
jwá.kī			dur
jwāgá.nī			sale
jò-	(12)	jòdī	excision
jò-	(5/6)	jògā/jòmù	circoncis
jó-	(9/10)	jólī/jólà	queue
jògī (kí)			picorer
jù-	(1/4)	jùmò/jùmī	moustique *sp.*
jù (kí)			brûler
jǔd-	(7)	jǔdmà	fin
júnjùn-	(11/12)	júnjùngù/júnjùndī	ombre
jū-	(5/6)	jūgā/jūmū	couteau

jū.cán-	(5/6)	jūcángā/jūcánmú	grand couteau
jū:-	(9/10)	jū:lī/jū:nā	*Tyto alba affinis* Blyth. (Strigiformeae) effraie

ɲ

ɲī-	(7)	ɲīmā	eau
ɲīlī			mince
ɲĭgī (kī)			épouser
ɲè-	(4)	ɲè	*Sesamum indicum* L. (Bignoniaceae) ; n.v. : sésame
ɲêdī (kī)			mordre
ɲên-	(9/10)	ɲênlī/ɲènā	dent
ɲé.sàn-	(11/12)	ɲésàngū/ɲésāndī	salive
ɲà (kī)			sortir
ɲá-	(7)	ɲámā	urine
ɲâ-	(11)	ɲâgū	nuit
ɲâ (kī)			nier
ɲánī (kī)			uriner
ɲán-	(1/4)	ɲándò/ɲándī	fourmi *sp.*
ɲăn.kòb-	(11/12)	ɲănkòbgū/ɲănkōbdī	fourmi ailée *sp.*
ɲál-	(3/4)	ɲálú/ɲálī	voix
ɲwà (kī)			attendre
ɲwā-	(1/12)	ɲwā/ɲwādī	femelle
ɲwàb-	(3/4)	ɲwàbū/ɲwābī	bouche
ɲwāb-	(1/4)	ɲwābō/ɲwābì	crocodiliens *sp.*
ɲwádī (kī)			contempler
ɲwânī (kī)			baisser
ɲwâ.cū-	(9/10)	ɲwâcūlī/ɲwâcùnà	lèvres
ɲwá.kòb-	(11/12)	ɲwákòbgū/ɲwákōbdī	moustache
ɲôn (kī)			fumer
ɲòg-	(3/4)	ɲògū/ɲògī	poisson *sp.*
ɲō.gô.bī-	(7/10)	ɲōgôbīmā/ɲōgôbīlā	bague
ɲŭn.bwô-	(5/6)	ɲŭnbwôgā/ɲŭnbwômū	trou d'eau
ɲûltī (kī)			briller
ɲūɲûl-	(3)	ɲūɲûlū	soif

y

yînī (kí)			appeler
yî:n-	(9/10)	yî:nlī/yî:nà	corne
yí:nì (kí)			chanter
yè (kí)			s'habiller
yé (kí)			exister
yê-	(5/6)	yêgā/yémú	récipient en calebasse
yê (kí)			refuser
yèdī (kí)			dire
yên-	(3/4)	yênù/yênī	soleil
yénè			ainsi
yèn.dó			un
yén.sīn-	(3/4)	yénsīnù/yénsīsī	midi
yén.jwō-	(11/12)	yénjwōgù/yénjwōdī	soir
yèl-	(7)	yèlmà	lumière
yél-	(5/12)	yélgà/yéldī	flûte traversière
yélnī (kí)			éclairer
yà-	(7)	yàmà	bile, intelligence
yà-	(9/10)	yàlī/yàlà	hache
yā			si
-yā (ō-)			dès que
yǎ			neuf
yâ-	(1/2)	yâ/yâmbà	grand-mère
yá.pōyò			à cause de
yàbī			beaucoup
yàbà			grand
yád-	(1/2)	yádù/yádbà	oncle
yàn-	(3/4)	yànù/yànī	chant
yàn-	(5/12)	yàngà/yàndī	animal
yàn.sōb-	(3/4)	yànsōbū/yànsōbī	puce *sp.*
yàn.kpèn-	(1/4)	yànkpèndò/yànkpèndī	éleveur
yān.gbál-	(1/4)	yāngbálō/yāngbálī	*Leo leo* Linné (Felideae) ; n.v. : lion
yā.já-	(1/2)	yājá/yājâmbà	grand-père
yà:-	(7)	yà:mà	sel
yâ:-	(11/12)	yâ:gù/yâ:dī	tempe
yâ:g-	(1/4)	yâ:gò/yâ:gī	crocodiliens *sp.*

ywǎ-	(3/4)	ywǎgà/ywǎmū	petit-fils, petite fille
ywág-		ywággù/ywágdī	charpente
ywàgī (kī)			secouer
ywā.kūlī			chacun
yō-	(7)	yōmà	farine
yōbīl-	(1/4)	yōbīlò/yōbīlī	*Necrosyrtes monachus* Temminck (Falconideae) n.v. : charognard
yòn-	(1/4)	yònbò/yònbī	esclave
yǒn.kōn-	(9/10)	yǒnkōnlī/yǒnkōnà	boule de farine, de millet
yógī (kī)			tamiser
yū-	(9/10)	yūlī/yūlà	tête
yū-	(12)	yūdī	chevelure
yû.tūn-	(9/10)	yûtūnlī/yûtūnā	front
yùgī (kī)			voler
yúgdī (kī)			soulever
yú.kwàn-	(3/4)	yúnkwànù/yúkwànī	(tête ! mal), fièvre

k

kī			pour
kī.lī.mà			parce que
kā.pīg-	(9/10)	kāpīglī/kāpīgà	chapeau
kân-	(3/4)	kânbù/kânbī	*Capsicum frutescens* L. (Solanaceae) ; n.v. : piment
kán.byà-	(9)	kánbyàlī	bouillie
kā.fèn-	(5/6)	kāfèngà/kāfènmù	*Accipiter melanoleucus temmincki* Har Laub (Falconideae) ; n.v. : épervier
kàd-	(3/4)	kàdū/kàdī	torche en paille utilisée pour enfumer les abeilles
kân-	(3/4)	kânù/kânī	endroit
kándī (kī)			escalader
kán.kāl.má.cèl-	(3/4)	kánkālmácèlû/kánkālmácèlī	caméléon *sp.*

kāl-	(3/4)	kālū/kālī	flanc
kālī (kī)			s'asseoir
kā:-	(11/12)	kā:gū/kā:dī	natte
kâ:nī (kī)			asseoir
kǻ:lī			cru
kwā (kī)			casser
kwā̄ (kī)			entrer
kwâ-	(9/10)	kwâlī/kwânā	interdit
kwābā̄			court
kwād-	(11/12)	kwādgū/kwāddī	faucille
kwādī̄ (kī)			racler
kwádī (kī)			vendre
kwân-	(3/4)	kwânū/kwânī	champ
kō-	(7)	kòmā	faim
kō̄b-	(12)	kō̄bdī	poil
kōbōgā̄			cent
kōn-	(8/12)	kōnbū/kōndī̄	hernie du scrotum
kó.tōn-	(11/12)	kótōngū/kótōndī	coq
kōn.cā.bī̄-	(9/10)	kōncābī̄lī/kōncābī̄lā	testicule
kónkōn-	(3/4)	kónkōnū̄/kónkōnī̄	épine
kó.kōd-	(9/10)	kókōdlī/kókōdā	*Zea mays* L. (Polaceae)
			n.v. : maïs
kō̄.kōl-	(1/4)	kō̄kōlō/kókōlī	poule
kwónī			sec
kú-	(12)	kúdī	fer
kú.mwǎn-	(12)	kúmwǎndì	cuivre
kûd-	(9/10)	kûdlī/kûdā	termite *sp.*
kûdī (kī)			sècher
kǔdúk-	(1)	kǔdúkō	*Ipomaea batatas* L.
			(Neuropeltiseae) ;
			n.v. : patate douce
kúd.bēd-	(11/12)	kúdbēdgū/kúdbēddī	grande termitière
kūn-	(9/10)	kūnlī/kūnā	bosse
kún.kū-	(9/10)	kúnkūlī/kúnkūlā	tortue *sp.*
kúlī			chaque
kū:-	(9/10)	kū:lī/kū:nā	houe
kû:-	(7)	kû:mā	mort
kū:dī (kī)			hurler

g

gĕd-	(7)	gĕdmā	moment
gèdī (kí)			aller
gá (kí)			recevoir
gábī (kí)			gober
gân-	(1/4)	gânbò/gânbī	*Panthera pardus* Linné (Felideae) ; n.v. : panthère d'Afrique ou léopard
gád-	(7)	gádmā	folie
gád.bân-	(9/10)	gánbânlī/gádbânā	jarret
gànū			Sud
gángā-	(9/10)	gángālī/gángànà	tambour à deux peaux
gàlī (kí)			s'entremêler
gà:-	(9/10)	gà:lī/gā:nà	selle
gá:n-	(1/4)	gá:nò/gá:nī	pou *sp.*
gà:nī (kí)			encercler
gwá-	(9/10)	gwálī/gwálà	cloison
gwâ-	(7)	gwâmā	sommeil
gwânī (kí)			dormir
gwá.ɲūn-	(10)	gwáɲūnà	ronflement
gò-	(9/10)	gòlī/gòlà	dos
gólò-	(5/6)	gólògā/gólòmū	bossu
gó:dódò-	(11/12)	gó:dódògū/gó:dódòdī	luth à deux cordes
gwò-	(9/10)	gwòlī/gwònà	*Sterculia acuminata* P.B. (Sterculiaceae) fruit
gwòn-	(9/10)	gwònlī/gwònà	palissade
gúndī			laid
gù:dī (kí)			attendre

ŋ

ŋá			combien
ŋǎ (kí)			abandonner
ŋābī (kí)			arracher

ŋânī (kí)			bouillir
ŋādī (kí)			glisser
ŋàdī (kí)			téter
ŋànà			beau
ŋâ:-	(11/12)	ŋâ:gù/ŋâ:dī	tisane *sp.*
ŋwǎ			profond
ŋwâdī (kí)			suivre
ŋwâb-	(1/4)	ŋwâbò/ŋwâbī	chèvre
ŋwálī (kí)			remorquer
ŋwāgānī (kī)			couvrir
ŋû (kí)			planter
ŋùn-	(1/4)	ŋùnbò/ŋùnbī	âne
ŋū:dī (kī)			laver

kp

kpé (kí)			mourir
kpél-	(1/2)	kpélò/kpélbà	aîné
kpégnì (kí)			incliner
kpyè (kí)			tailler
kpyé-	(1/4)	kpyémò/kpyémà	cadavre
kpyênī (kí)			mettre
kpà-	(7)	kpàmà	huile
kpá (kí)			enfoncer
kpâ (kí)			tuer
kpáb-	(9/10)	kpáblī/kpábà	os
kpàbī (kí)			porter sous le bras
kpàtà:-	(9/10)	kpàtà:lī/kpàtà:nà	pantalon
kpàd-	(1/4)	kpàdò/kpàdī	*Gorilla gorilla* Savage et Wyman (Anthropoïdeae) ; n.v. : gorille
kpàn-	(9/10)	kpànlī/kpànà	lance
kpān-	(1/4)	kpānò/kpānī	*Numida meleagris* Linné (Numidideae) ; n.v. : pintade commune
kpán-	(9/10)	kpánlī/kpánà	gésier
kpánī (kí)			crier
kpán.kpàb-	(9/10)	kpánkpàblī/kpánpkàbà	puce *sp.*

kpá.jè-	(5/6)	kpájègā/kpájèmū	tourterelle *sp.*
kpákpàl-	(1/2)	kpákpàlō/kpákpàlbā	cultivateur
kpākpā:-	(9/10)	kpākpā:lī/kpākpā:nā	poisson de rivière *sp.*
kpá:-	(7)	kpá:mā	criée
kpá:-	(9/10)	kpá:lī/kpá:nā	piquet
kpâ:-	(8)	kpâ:bū	culture
kpà:bī (kī)			gratter
kpâ:nī (kī)			pêcher
kpà:l-	(3)	kpà:lū	toux
kpà:l-	(8/12)	kpà:lbū/kpà:ldī	pagne
kpyàdī (kī)			gratter
kpyāgī			lourd

gb

gbīdī (kī)			troubler
gbînī (kī)			lier
gbî:dī (kī)			creuser
gbê			quoi
gbèdī (kī)			pourrir
gbénī (kī)			finir
gbyē			plein
gbyénī (kī)			remplir
gbá-	(11/12)	gbágū/gbádī	canne
gbáb-	(9/10)	gbáblī/gbáblā	bâton
gbâ.màn-	(3/4)	gbâmàmū/gbâmànī	force
gbâ.mán.dá:n-	(1/2)	gbâmándá:nō/gbâmándá:nbá	homme mûr
gbàd-	(7)	gbàdmā	compréhension
gbàdī (kī)			comprendre
gbânī (kī)			s'agenouiller
gbà.ǹàn-	(12)	gbànàndī	corps
gbāngī			gros
gbàn.gbàd-	(5)	gbàngbàdgā	brouillard
gbàlī (kī)			être incapable
gbâgbā-	(11/12)	gbâgbāgū/gbâgbādī	canard domestique
gbān-	(9/10)	gbānlī/gbánā	clairière
gbân-	(9/10)	gbânlī/gbânā	carapace
gbân-	(11/12)	gbângū/gbândī	peau

gbán.kāfēn-	(9/10)	gbânkāfēnlī/gbânkāfēnā	bouclier
gbā:-	(1/10)	gbà:dô/gbâ:dâ	lépreux
gbá:dī (kí)			être lépreux
gbâ:dī-	(7)	gbâ:dīmā	lèpre
gbyâ-	(11/12)	gbyâgū/gbyâdī	matraque

ŋm

ŋmé			qui
ŋmá (kī)			piétiner
ŋmâ.pyè:n-	(1/4)	ŋmâpyè:nò/ŋmâpyè:nī	pleine lune
ŋmàn.sāl-	(1/4)	ŋmànsālò/ŋmànsālī	guenon vierge *sp.*
ŋmàn.sā:-	(8/12)	ŋmànsā:bū/ŋmànsā:dī	(singe ! pâte), *Adansonia digitata* L. (Bombacaceae) ; fruit
ŋmān.jwā-	(1/12)	ŋmānjwā/ŋmānjwādī	singe mâle *sp.*
ŋmàl-	(3/4)	ŋmàlū/ŋmàlī	*Bambusa* L. (Poaceae) ; n.v. : bambou
ŋmá.kpān-	(1/4)	ŋmákpānò/ŋmákpānī	nouvelle lune
ŋmāŋmā			untel
ŋmà:-	(1/4)	ŋmà:mò/ŋmà:mī	singe *sp.*
ŋmâ:-	(9/10)	ŋmâ:lī/ŋmâ:nā	gale
ŋmâ:l-	(1/4)	ŋmâ:lò/ŋmâ:lī	lune
ŋmā.ŋwâ-	(1/4)	ŋmānŋwā/ŋmānŋwè	guenon *sp.*

w

wā-	(1/4)	wā/wè	serpent *sp.*
wā-	(12)	wàdī	froid
wá (kí)			être petit
wá			petit
wà.mú			peu
wàdī (kí)			diminuer
wânī (kí)			montrer
wálī (kí)			se laver
wá.cà-	(1/4)	wácàmò/wácàmī	python *sp.*
wág-	(7)	wágmà	poussière
wà:l-	(1/6)	wà:lò/wà:lmū	cadet
wá:l-	(7)	wá:lmā	recherche

wò-	(1/4)	wòmò/wòmī	sourd
wôn-	(5/6)	wôngā/wônmū	*Lepus aegyptius* Desmarest (Duplicidenteae) ; n.v. : lièvre
wōn.tū.mà			avant-hier
wón.lī			hier
wòn.lī.ɲwǎ			après-demain
wóg	(9/10)	wóglī/wógā	coquille
wònī (kí)			cacher
wúdí (kí)			vider
wūl-	(7)	wūlmā	vapeur
wûl-	(11)	wûlgū	chaleur
wúlí (kí)			verser

Lexique français-gulmance

(ordre alphabétique)

a

abandonner	(kí) ŋǎ
abri	câ- (11/12) câgù/câdì
accepter	(kí) twò
Accipiter melanoleucus temmincki (?) Hart Laub (Falconideae/Accipitreneae)	kā.fèn- (5/6) kāfèngà/kāfènmù *n.v.* épervier
accompagner	(kí) cání
accord (d')	dágádì
accouchement	mál- (7) málmà
accoucher	(kí) mâ
accrocher	(kí) lwâgànì
accroupir	(kí) cwóní
accuser	(kí) tābì
acheter	(kí) dà
abeille	ná.kpān.sī:- (5/4) nákpānsī:gà/ nákpānsí: (mère ! *sp.* ! mouche)
Adansonia digitata L. (Bombacaceae)	twò- (8/12) twòbù/twòdì, *n.v.* :baobab
" " " fruit	twò- (11/12) twògù/twòdì
adoucir	(kí) sálgí
adversaire	bâ.bī.jwà- (1/2) bâbījwà/bâbījwàbà (père/petit/garçon)
agenouiller (s')	(kí) gbânì
aider	(kí) tòdì
aigre	mǐ
aile	fyâb- (3/4) fyâbū/fyâbì
aîné	. cá - (1/4) cámò/cámí . kpél- (1/2) kpélò/kpélbà
ainsi	nāndà yénè
air	fāwā:- (7) fāwā:mà
aisselle	bwâ.lò- (11/12) bwâlògū/bwâlòdì

aller	(kí) gèdì
amer	tō
ampoule (cloque de la peau)	cî:- (5/6) cî:gā/cî:mū
âne	ŋùn- (1/4) ŋùnbò/ŋùnbī
animal	yàn- (5/12) yàngà/yàndì
année	bìn- (9/10) bìnlì/bìnà
antilope *sp.*	pyàl- (1/4) pyàlò/pyàlī
anus	mú.bòn- (3/4) múbònù/múbònì (? ǀtrou)
appeler	(kí) yínì
apporter	(kí) cwânì
apprendre	(kí) bángì
après-demain	. wòn.lī.ɲwǎ, . sá:lǎ.ywâ
arachide voir *Arachis hypogea* L. (Fabaceae)	
Arachis hypogea L. (Fabaceae)	tîn- (9/10) tînlì/tînà *n.v.* arachide
araignée *sp.*	jén.jā- (11/12) jénjāgù/jénjādì
arbre	tì- (8/12) tìbù/tìdì
arc de chasse	dà.bàn- (9/10) dàbànlì/dàbànà
arracher	1. (kí) fòbì 2. (kí) ŋàbì
arrêter (s')	(kí) sèdī
arriver	(kí) púndí
articulation	túg- (9/10) túglì/tūgā
ascension	dò - (7) dòmà
asperger d'eau avec la bouche	(kí) pû:dì
asseoir	(kí) kâ:nì
asseoir (s')	(kí) kálì
assiette	tádà- (5/6) tádàgà/ tádàmù
attacher	(kí) lòlì
attendre	. (kí) ɲwà . (kí) gù:dì
attention (faire)	(kí) fā:mì
attraper	(kí) cō
augmenter	(kí) púgní
aujourd'hui	dí:nlà
avancer	(kí) swàgì
avant-hier	wōn.tú.mà

aveugle	jwâ- (1/4) jwâmō/jwâmì
avoir	(kí) pyá

b

bague	ɲō.gô.bì- (7/10) ɲōgôbìmà/ɲōgôbìlà
baisser	(kí) ɲwânì
balayer	(kí) pìdì
bambou cf. *Bambusa* L. (Poaceae)	
Bambusa L. (Poaceae)	ŋmàl- (3/4) ŋmàlù/ŋmàlì
baobab cf. *Adansonia digitata* L. (Bombacaceae)	
barbe	làn.byà- (11/12) lànbyàgù/lànbyàdì
bas-ventre	pwàn- (5/6) pwàngà/pwànmù
bâton	gbáb- (9/10) gbáblì/gbáblà
battre	(kí) nì:nì
beau	ŋànà
beaucoup	1. bōn.can.là
	2. yàbì
beau-père	twàd.bá- (1/2) twàdbá/twàdbàmbà
	(gendre ~ beau|père)
bégayer	(kí) bìdì
bélier	pì.tòn- (9/10) pìtònlì/pìtònà
belle-mère	twád.nā- (1/2) twádnā/
	twád.nān-bà
	(gendre ~ bru|mère)
bière de mil	ɗà:- (7) ɗà:mà,
bifurcation	sán.pàdī- (9/10) sánpàdīlì/sánpàɗà
bile	yà- (7) yàmà
	syn. intelligence
blanc	pyēnì
blesser (être)	(kí) sāgī
blessure	1. sìn.nà- (9/10) sìnnàlì/sìnnālà
	2. sàg- (9/10) sàglì/saga
bleu	būlā
boeuf	nwà- (1/4) nwà/nē~nwē
bois	dà:- (11/12) dà:gù/dà:dì
boiteux	dyâ- (1/4) dyâmō/dyâmì
bon	mānì
bonnet	fôl- (9/10) fôllì/fôlà

bonnet (petit)	fôl- (5/6) fôlgà /fôlmù
Borassus L. (Arecaceae)	kwâm- (8/12) kwâmbù/kwândì
bosse	kùn- (9/10) kùnlì/kùnà
bossu	gólò- (5/6) gólògà/gólòmù
bouc	pûd.bwâ- (9/10) pûdbwâlì/ pûdbwânà
bouche	ɲwàb- (3/4) ŋwàbù/ɲwàbì
bouclier	gbáŋkàfēn- (9/10) gbáŋkàfēnlī/ gbáŋkàfēnā
boue	mó.mwā- (12) mómwādì
bouillie	kán.byà- (9) kán.byàlì
bouillir	(kí) ŋânì
boule de farine de millet	yǒn.kōn- (9/10) yǒnkōnlì/yǒnkōnà
bourreau	tâ:dà:n- (1/2) tâ:dà:nò/tâ:dànbà
bouteille	līnlīn- (9/10) līnlīnlī/līnlīnā
bouton	féb- (9/10) féblì/fébà
bracelet	byà- (9/10) byàlì/byànà
branche	bén- (3/10) bénù/bénà
bras	bwà- (11/12) bwàgù/bwàdì
brigand	sân.jà- (1/2) sânjàlò/sânjàbà
briller	(kí) ɲúltì
brouillard	gbàn.gbàd- (5) gbàngbàdgà
bru cf. gendre	
bruit	lân- (8/12) lânbù/lândì
brûler	. (kî) syà . (kî) jù
buffle	mwán- (1/4) mwánò/mwánì
butter	(kî) tú:dî
Butyrospermum parkii (G. DON.) Kotschy (Sapotaceae)	
1. arbre	sâ:n-, (8/12) sâ:nbù/sâ:ndī
2. fruit	sâ:n-, (9/10) sâ:nlì/sâ:nà
3. noyau	sâ:n.kpè-, (8/4) sâ:nkpèbù/sâ:nkpè n.v. karité

C

cacher	(kí) wò:nī
cadavre	kpyé- (1/4) kpyéniò/kpyémà
cadeau	pà:- (8) pà:bù
cadet	wà:l- (1/6) wà:lò/wà:lmū
calebasse (récipient en)	yê- (5/6) yêgā/yémú

caméléon *sp.*	kán. kál. má. cèl- (3/4) kánkálmácèlû/kánkálmácèlî
canard domestique	gbâgbā- (11/12) gbâgbāgù/gbâgbādì
canne	gbá- (11/12) gbágù/gbádì
Capsicum frutescens L. (Solanaceae)	kân- (3/4) kânbù/kânbī *n.v.* piment
carapace	1. pwàg- (9/10) pwàglì/pwàgà 2. gbân- (9/10- gbânlì/gbànà
caresse	bâ:lì- (7) bâ:lìmà
caresser	(kí) bâ:lì
carquois	lwô- (9/10) lwôlì/lwônà
casser	. (kí) múdí . (kí) kwà
Ceiba pentandra GAERTN. (Bombaceae)	fwô- (8/12) fwôbù/fwôdì *n.v.* fromager
célibataire (femme)	pwó.kpá.gà-(9/10)pwókpágàlì/pwókpágà
célibataire (homme)	jà.kpā.gā-(9/10)jàkpāgālì.jàkpágà
celui-ci	ō ně
cendre	fân.tán.pyè- (7) fântánpyèmà
cent	kòbògā
chacun	ywākúlî
chagrin	mútwò- (9/10) mútwòlì/mútwònà
chaleur	wûl- (11) wûlgū
chambre	dyē- (9/10) dyēlī/dyēnā
champ	kwân- (3/4) kwânù/kwânì
champignon *sp.*	lúg- (9/10) lúglì/lúgà
chance	bà:- (9/10) bà:lì/bà:nà
changer de sens	(kí) síndī
chant	yàn- (3/4) yànù/yànì
chanter	(kí) yí:nì
chapeau	kā.pìg- (9/10) kāpìglì/kāpìgà
chaque	kúlì
charbon	mù.kwân-(9/10)múkwânlì/múkwânà
charognard voir : *Necrosyrtes monachus* Temminck (Falconideae/ Aegypiineae)	
charpente	ywág- (11/12) ywággù/ywāgdì
chasse	fwâ.gwàd- (3) fwâgwàdù (forêt ! *n.i.*)
chasse	twàd- (3) twàdū
chasseur	twād- (1/10) twādò/twādà

chat — mûd- (5/6) mûdgà/mûdmú

chatouiller — (kí) lígl̀ì

chat sauvage *f.l.* cf. *Felis sylvestris libyca* Forster (Felideae) — fwâ.mūd- (5/6) fwâmūdgà/fwâmūdmù (forêt ! chat)

chaud — twōnì

chaussure — cácà:- (11/12) cácà:gù/cácà:dì

chauve-souris *sp.* — jèn.jèn) (5/12) jènjèngà/jènjèndì

chef — bád- (1/2) bádò/bádàbà

chefferie — bâ- (9) bâlì,

chemin — 1. sàn- (3/4) sànù/sànì
2. sán.cà- (3/4) sáncàmù/sáncàmì (chemin ! grand)

chercher — (kí) lí:ngì

cheval — tà:- (1/4) tà:mò/ta:mī

chevelure — yū- (12) yūdì

cheville — tá.byà- (5/6) tábyàgà/tábyàmū (jambe ! bracelet)

chèvre — (ŋwâb- (1/4) ŋwâbò/ŋwâbì

chien *sp.* — sân.gbān- (1/4) sângbānlò/sângbànlì

chose — bòn- (9) bònlì

cicatrice — sín.nā.yā-(11/12)sínnāyāgù/sínnāyādì

cil, cf. *sourcil*

cinq — mù

circoncision — jò- (5/6) jògà/jòmù

circoncis (gardien des) — sāl.jî- (1/2) sāljî/sāljímbà

clairière — gbān- (9/10) gbānlì/gbánà

clef — sân.dà.bī-(9/10)sândàbīlì/sândàbīlà

clitoris — jén.bī- (9/10) jénbīlì/jénbīlà

cloison — gwá- (9/10) gwálì/gwálà

cochon de terre cf. *Orycteropus afer* Pallas (Orycteropideae)

coeur — pà- (9/10) pàlì/pàlà

cola cf. *Sterculia acuminata* P.B. (Sterculiaceae)(fruit de)

colère — pá.byèn- (9/10) pábyèntì/pábyènà

colline — jwà- (9/10) jwàlì/jwànà

combien — ŋá

commencer — (kí) cílì

comment — lèdè

commissionner	(kí) tá:lì
compréhension	gbàd- (7) gbàdmà
comprendre	(kí) gbàdì
compte	cwá- (9) cwálì
connaissance	bán- (7) bámmà
consoler	(kí) bá:gì
construire	(kí) mâ
conte	têlì- (3/4) têlìmù/têlìmì
contempler	(kí) ɲwádì
conter	(kí) têlìnì
coq domestique	kó.tòn- (11/12)kótòngù/kótòndì
coquille	wóg- (9/10) wóglì/wógà
coquille d'escargot	jà.yèl- (5/6) jàyèlgà/jàyèlmū
coquille d'oeuf	jén.pwà- (11/12) jénpwàgù/ jénpwàdì (oeuf ! n.i.)
corde	bà:b- (3/4) bà:bù/bà:bī
corne	yî:n- (9/10) yî:nlì/yî:nà
corps	gbà.nàn- (12) gbànàndī
cou	tùl- (3/4) tùlù/tùlì
coucher (se)	(kí) dwàní
coucou cf. *Cuculus sp.* (Cuculideae)	
coude	ná.kpán.dún- (9/10) nákpándúnlì/ nákpándúnà
couper	(kí) jà
cour	lwōl- (3/4) lwōlū/lwōlī
cour commune	lówâ:- (11/12) lówâ:gù/lówâ:dì
courber	(kí) bwânì
courir	(kí) sànì
court	kwābā
couteau	1. cād- (9/10) cādlì/cādā 2. jū- (5/6) jūgā/jūmū
couteau (grand)	jù.cán- (5/6) jùcángà/jùcánmú
couvrir	1. (kí) ŋwágání 2. (kí) píní
craindre	(kí) jê
crapaud *sp.*	pwān- (1/10) pwāndò/pwāndà
cravache	bâl.jò- (3/4) bâljò/bâljě
créer	(kí) tágì
creuser	(kí) gbî:dì
Cricetomys gambianus Waterhouse (Murideae)	sâ.yō.bì- (11/12) sâyōbìgù/sâyōbìdì *n.v.* Rat de Gambie

criée	kpá:- (7) kpá:mà
crier	(kí) kpánì
Crocodiliens sp.	1. ɲwāb- (1/4) ɲwābō/ɲwābì
	2. yâ:g- (1/4) yâ:gò/yâ:gì
croire	(kí) tàmà
cru	ká:lì
Cuculus sp. (Cuculideae)	tûtù-(11/12)tûtùgù/tûtùdì,n.v.coucou
cueillir	(kí) cē
cuire	(kí) bè
cuisine	sā.má:n.dyè- (9/10) sāmá:ndyèlì/ sāmá:ndyènà
cuisinier	sā.mâ:n- (1/2) sāmâ:nlò/sāmâ:nbà
cuisse	pàn- (9/10) pànlì/pànà
cuivre	kú.mwǎn- (12) kúmwǎndì
cultivateur	kpá.kpàl- (1/2) kpákpàlò/kpákpàlbà
culture	kpâ:- (8) kpâ:bù
Cynocéphale sp.	tàn.bwà- (5/6) tànbwàgà/tànbwàmū

d

dans	nì
danse	cà- (5) càgà
danser	(kì) jélì
début	cíl- (7) cílmà
déchirer	(kí) pàdì
décoller	(kí) tàbdì
dedans	lyēnī
déféquer	(kí) ní
dehors	1. nī:n.pǒ (état)
	2. nī:n.ī (mouvement)
demain	sá:lá
demander	(kí) myā
démangeaisons	sà.sàd- (4) sàsàdī
dent	ɲên- (9/10) ɲênlì/ɲènà
dépasser	(kí) pêndì
déplacer	(kí) sàgì
déplacer (se)	(kí) fwâdì
derrière	pwò.lì.pō
descendre	(kí) jídí
dès que	ō yē

destin	càb- (9) càblì
détacher	(kí) bîndì
déterrer	(kí) pyèdì
deux	lyé
devant	lì:gā
devin	tyên- (3/4) tyênū/tyênī
diarrhée	tūg.pwān- (3/4) tūgpwānū/tūgpwānī
dieu de la pluie, du tonnerre et du ciel	tà.dà:n- (1/2) tàdà:nò/tàdà:nbà
Digitaria longiflora Pers.(Poaceae)	mòb- (4) mòbì,n.v. fonio, millet
diminuer	1. (kí) tàdì 2. (kí) wàdì
dire	(kí) yèdì
dix	pyêgà
doigt	ná.bì- (9/10) nábìlì/nábìlà
donner	(kí) pà
dormir	(kí) gwânì
dos	1. gò- (9/10) gòlì/gòlà 2. pūl.sî:- (5/6) pūlsî:gà/pūlsî:mū
dot	cí.bùl- (11/12) cíbùlgù/cíbùldì
doux	máltì
dur	jwágì

e

eau	ɲí- (7) ɲímà
échapper	(kí) cádí
éclairer	(kí) yélnì
éclater	(kí) púdí
écorce	dà.pwá.gà- (9/10) dàpwágàlì/dàpwàgā
écouter	1. (kí) sóngì 2. (kí) cé:ngì
écraser	(kí) nā:nì
écrire	(kí) dyânì
écuelle	tā- (9/10) tālì/tālà
écureuil arboricole *sp.*	sán.pèn.dì- (5/6) sánpèndīgà/sánpèn-dīmū

écureuil fouisseur cf. *Xerus erythropus maestus* Thomas (Sciurideae)	
effraie cf. *Tytio alba affinis* Blyth. (Strigiformeae)	
égaler	1. (kí) dà 2. (kí) púndī
éléphant cf. *Loxodonta africana* Blumenbach (Elephantideae)	
éléveur	yàn.kpèn- (1/4) yànkpèndò/yànkpèndī
émietter	(kí) jágdì
emprunter	(kí) lèdì
encercler	1. (kí) cégī 2. (kí) gà:nì
enclos	pà.gàd- (9/10) pàgàdlì/pàgàdà
encore (pas)	dǎ:
endroit	kân- (3/4) kânù/kânì
enfant	bí- (5/10) bígà/bílà
enfler	(kí) mwálì
enflure	mwāl- (7) mwālmà
enfoncer	(kí) kpá
enseigner	(kí) cógnì
entasser	(kí) dò.gònì
enterrer	(kí) pí:ní
entorse	sà.gà- (7) sàgàmà
entre	sī.gīn.nì
entremêler (s')	(kí) gàlì
entrer	(kí) kwā
enveloppe	fîn- (11/12) fîngù/fîndì
envelopper	1. (kí) pwā.bēnī 2. (kí) fíní
envoyer	(kí) swānī
épaule	bwā.cáb- (9/10) bwācáblì/bwācábà
épervier cf. *Accipiter melanoleucus temmincki* (?) Hart Laub (Falconideae / Accipitreneae)	
épine	kón.kòn- (3/4) kónkònū/kónkònī
épouser	(kí) ŋìjì
épreuve	bì:g- (9) bì:glì
escalader	(kí) kándí
escargot *sp.*	jā.yē.lēn.tà- (1/4) jāyēlēntàmò/jāyēlēntàmí
esclave	yòn- (1/4) yònbò/yònbī
espèce	bwòl- (3/4) bwòlū/bwòlī

essuyer	(kí) dû:nì
Est	nùn.twàlì
éternuer	(kí) cí:ndì
étoile	mâ:.gbī- (5/6) mâ:gbīgà/mâ:gbīmù
étroit	mwábí
évanouir (s')	(kí) pàbì
éveiller (s')	(kí) fûndì
excréments	bîn- (12) bîndì
excision	jò/- (12) jòdì
exister	(kí) yé

f

fâché	pàl.béná
face	nùn- (5/6) nùngà/nùnmù
façon	tyèn- (5/10) tyènì/tyèndǎ
faible	tádì- (1/10) tádìmò/tádìmà
faible (être)	(kí) tâdì
faim	kò- (7) kòmà
faim de viande	nân.kò- (7) nânkòmà (viande ! faim)
faire	(kí) tyènī
fardeau	tùg- (9/10) tùglì/tùgā
farine	yō- (7) yōmà
fatigue	còg- (9/10) còglì/cògà
fatiguer	(kí) cògà
faucille	kwàd- (11/12) kwàdgù/kwàddì
féconder	(kí) tā:gì
Felis sylvestris libyca Forster (Felideae)	fwâ.mūd- (5/6) fwâmūdgà/fwâmūdmù (forêt ! chat) *n.v.* chat sauvage
femelle	ɲwà- (1/12) ɲwà/ɲwàdì
femme	pwâ- (1/2) pwâ/pwôbà
femme (vieille)	pó.câm- (1/10) pócâmò/pócâmà
fer	kú- (12) kúdì
fermer	(kí) pàgànì
fesse	mú.gbân- (9/10) múgbânlì/múgbànà
feuille	fâ:- (11/12) fâ:gù/fâ:dì
feu	fântā- (7) fantāmà
fièvre	yú.kwàn- (3/4) yúkwànù/yúkwànì (tête ! mal)

fille	bōn.pwô- (5/10) bōnpwôgà/bōnpwôlà
fille (jeune)	já.fán- (1/2) jáfánò/jáfámbà
fils de chef	bád.jwà- (1/2) bádjwà/bádjwàbà (chef ! garçon)
filtrer	(kí) tí:ndí
fin	jǔd- (7) jǔdmà
finir	(kí) gbéní
flanc	kàl- (3/4) kàlù/kàlì
flèche	pyê- (3/4) pyêmù/pyêmì
fleur	pǔ: (7) pǔ:mà
flûte *sp.*	tán.kpâ.lūn- (11/12) tánkpâ - lūngù/tánkpâlūndì
flûte traversière	yél- (5/12) yélgà/yéldì
foi	tà:- (7) tà:mà
foie	pwà- (9/10) pwàlì/pwànà
folie	gád- (7) gádmà
fonio cf. *Digitaria longiflora* Pers. (Poaceae) et millet	
fond	tìn- (5/6) tìngà/tìnmū
forage	câ:.gbì- (9/10) câ:gbìlì/câ:gbìnà
force	gbâmàn- (3/4) gbâmànū/gbânàní
forêt	fwâ- (9/10) fwâlì/fwânà
forger	(kí) mà
forgeron	má:- (1/2) má:nà/má:bà
fort	pǎ
fourmi *sp.*	ɲán- (1/4) ɲándò/ɲándī
fourmi ailée *sp.*	ɲán.kòb-(11/12) ɲánkòbgù/ɲánkòbdì
foyer	fàn- (3/4) fànù/fànì
frapper	(kí) pwá
frère (ou soeur)	ná.tà:n- (3/4) nátà:nù/nátà:nì (mère ! même)
frire	(kí) sàgì
froid	wà- (12) wàdì
froid	swāngì
fromager cf. *Ceiba pentandra* Gaertn. (Bombaceae)	
front	yû.tūn- (9/10) yûtūnlì/yûtūnā
fruit (N.g.)	mwâ- (8) mwâbù
fruit de *Butyrospermum parkii* (G. Don.) Kotschy (Sapotaceae)	sâ:n- (9/10) sâ:nli/sâ:nà *n.v.* karité

fruit de *Ceiba pentandra* Gaertn. (Bombaceae)	fwô- (9/10) fwôlì/fwônà *n.v.* fromager
fumée	mǔn- (4) mǔnì
fumer	(kí) ɲôn

g

gagner	(kí) bà
gale	ŋmâ:- (9/10) ŋmâ:lì/ŋmâ:nà
garçon	jwā- (1/2) jwā/jwàbà
gâter (être)	(kí) bí:dì
gendre (ou bru)	twâd- (1/2) twâdò/twâdbà
genou	dûn- (9/10) dûnlì/dúnà
gésier	kpán- (9/10) kpánlì/kpánà
gifle	tàn.- (1/4) tànpǒ/tànpě
gifler	(kí) pàbì
glisser	(kí) ŋādì
gober	(kí) gábì
gonfler	(kí) pīlā
Gorilla gorilla Savage et Wyman (Anthropoïdeae)	kpàd- (1/4) kpàdò/kpàdì *n.v.* gorille
gourde	bāg- (9/10) bāglì/bāgà
gourde (petite)	1. bāg- (5/6) bāggā/bāgmù 2. bāg.bí- (5/6) bāgbígà/bāgbímù
goûter	(kí) lènì
graine	bōn.bí- (7) bōnbímà
graisse	nân.kpà- (7) nânkpàmà (viande ! huile)
grand	ỳabà
grand-mère	yâ- (1/2) yâ/yâmbà
grand-père	yā.já- (1/2) yājá/yājâmbà
gratter	1. (kí) cādí 2. (kí) kpyàdī 3. (kí) kpá:bì
gravier	sāg- (4) sāgī
grêle	tātán- (9/10) tātánlì/tātánà
grenier à mil	sên.bì- (9/10) sênbìlì/sênbà
grenier en torchis	bwàbwà- (9/10) bwàbwàlì/bwàbwànà

grenouille	lwàn- (1/10) lwàndò/lwàndà
griffe	nú.ɲà- (11/12) núɲàgù/núɲàdì
griffer	(kí) bwádí
griller	(kí) púlí
gronder	(kí) dúnì
gros	gbāngì
guenon *sp.*	ŋmān.ɲwâ- (1/4) ŋmānɲwâ/ŋmānɲwè
guenon vierge *sp.*	ŋmàn.sàl- (1/4) ŋmànsàlò/ŋmànsàlī
guêpe *sp.*	ná.lō:n.lòn- (9/10) náló:nlònlì náló:nlònà
guerre	twà- (8) twàbù
gueule tapée cf. *Varanus niloticus* Linné (Varanideae)	

h

habiller (s')	(kí) yè
habitude	mà:n- (9/10) mà:nlì/mà:nà
s'habituer	(kí) mà:nì
hache	yà- (9/10) yàlì/yàlà
hacher	(kí) pèdì
hanche	cà- (5/6) càgà/camū
haricot cf. *Phaseolus sp.*	
harpon	ján.kpà:n-(9/10)jánkpà:nlì/ján.kpà:nà
herbe *sp.*	mwâ- (11/12) mwâgù/mwâdì
herbe aquatique *sp.*	sāb- (11/12) sābgù/sābdī
hernie	pú:- (5/6) pú:gà/pú:mú
hernie scrotale	kòn- (8/12) kònbù/kòndī
heurter	(kí) twónì
hier	wón.lì
hippopotame cf. *Hippopotamus amphibius* Linné (Hippopotamideae)	
Hippopotamus amphibius Linné (Hippopotamideae)	lí:b- (1/4) lí:bò/lí:bì *n.v.* hippopotame
homme	nīl- (1/2nīlò/nīlbà
homme (jeune)	jà.wà- (1/2) jàwàlò/jàwàbà
homme mûr	gbâmàn.dà:n- (1/2) gbâmándá:nó/ gbâmándá:mbá
honte	fê- (4) fê-
houe	kù:- (9/10) kù:lì /kù:nà

huile	kpà- (7) kpàmà
huile d'arachide	tín.kpà- (7) tînkpàmà
huit	nǐ
hurler	(kî) kú:dì
hyène *sp.*	nā.mōn- (1/4) nāmōnò/nāmōnì

i

ici	1. nākàmbǎ
	2. nê
incapable (être)	(kí) gbàlì
incliner	(kí) kpégnì
insecte *sp.*	pà:- (1/4) pà:mō/pà:mī
insultes	súg- (12) súgùdì
insulter	(kí) súgì
intelligence cf. bile	yà- (7) yàmà
interdit	kwâ- (9/10) kwâlì/kwânà
interprète	swā.gén- (1/10) swāgéndò/swāgéndà
intestin	nwá- (11/12) nwágù/nwádì
invocation	bà:- (11) bà:gù/bà:dì
Ipomaea batatas L. (Neuropeltiseae)	kǔ.dúk- (1) kǔdúkò
	patate douce

j

jambe	tá:- (9/10) tá:lī/tá:nā
jarre	cwā- (9/10) cwālì/cwānà
jarret	gád.bân- (9/10) gádbânlì/
	gádbânā
jaune	bòn.dū.dì
joindre	(kì) tà:nì
joue	tán.kpín- (9/10) tánkpínlì/tánkpínà
jour	dà:- (9/10) dà:lì/dà:nà
jument	tā.ɲwà- (1/4) tāɲwà/tāɲwè
	ǀ tā.ɲwà-à ǀ / ǀ tā. wà-ì ǀ

l

là	līkànì
la-bas	līpǒ
laid	gúndì
lait	nāŋà- (7) nāŋàmà
lait de femme	bǐ:- (7) bǐ:mà
lance	kpàn- (9/10) kpànì/kpànà
lancer	(kí) lúgúdí
large	pyâ
larme	nùn.sí- (11/12) núnsígù/núnsídì
laver	(kī) ŋū:dī
laver (se)	(kí) wálì
laver le visage	(kí)fâ
lécher	(kí) lyádí
léger	fā:nì
Leo leo Linné (Felideae)	yān.gbál- (1/4) yāngbálò/yāngbálì *n.v.* lion
léopard cf. *Panthera pardus* Linné (Felideae)	
lèpre	gbâ:dî- (7) gbâ:dîmà
lépreux	gbà:- (1/10) gbà:dô/gbà:dâ
lépreux (être)	(kí) gbá:dì
Lepus aegyptius Desmarest (Duplicidenteae)	wôn- (5/6) wôngà/wônmù *n.v.* lièvre d'Egypte
lever (se)	(kí) fî
lèvre	ɲwâ.cù- (9/10) ɲwâcùlì/ɲwâcùnà
lézard *sp.*	sárámá:n- (9/10) sárámá:nlì/ sárámá:nà
lier	(kí) gbìnì
lièvre d'Egypte cf. *Lepus aegyptius* Desmarest (Duplicidenteae)	
lion cf. *Leo leo* Linné (Felideae)	
lire	(kí) cógì
lit	dwàn- (3/4) dwànū/dwàní
livre	tí- (9/10) tílì/tílà
long	fwágì
louanges	pà:g- (12) pà:gdí
lourd	kpyāgì
Loxodonta africana Blumenbach (Elephantideae)	lwôm- (1/4) lwômò/lwômi *n.v.* éléphant

lumière	yèl- (7) yèlmà
lune	1. cīl- (1/4) cīlò/cīlì
	2. ŋmâ:l- (1/4) ŋmâ:lò/ŋmâ:lì
lune (nouvelle)	ŋmákpàn- (1/4) ŋmákpanō/ŋmákpànī
lune (pleine)	1. cî.pè:n- (3/4) cîpè:nū/cîpè:nī
	2. ŋmâ.pyè.n- (1/4) ŋmâ.pyè:nò/ŋmâ.pyè:nī
luth à deux cordes	gó:dódò- (11/12) gó:dódò-gù/gó:dódòdì

m

main	nû-(3/4) nû/nî
maïs cf. *Zea mays* L. (Poaceae)	
maison	dyè- (11/12) dyègù/dyèdì
maison moderne	dwân- (11/12) dwângù/dwândì
mâle	tōn- (9/10) tōnlì/tōnā
malpropre	sèn.sèn- (12) sènsèndì
Manihot utilissima, Pohl. (Buxoïdeae)	tǎn.gùn- (1/4) tǎngùnbō/tǎngùnbì (cf. manioc)
manioc cf. *Manihot utilissima* Pohl. (Buxoïdeae)	
manger	(kī) mán-gí
manquer	(kí) lwò
marche	cên- (9/10) cênlì/cênà
marché	dà:- (5/6) dà:gà/dà:mū
marcher	(kí) cwôní
margouillat (*n.v.* reptile saurien) *sp.*	dā.būn- (1/4) dābūnò/dābūnì
mari	ća- (1/2) cálō/câbà
marigot	bà:- (11/12) bà:gù/bà:dì
marmite en terre	bú.bù- (9/10) búbùlì/búbùmà
matin	tà.ŋà- (11/12) tàŋàgù/tàŋàdì
matraque	gbyâ- (11/12) gbyâgù/gbyâdì
maudire	(kí) sàlì
mauvais	lǎ:ŋànà
méchant	byā
(eux)-mêmes	bānī-bì.bǎ
(lui)-même	wōn-ô.bǎ
(moi)-même	mìnì-m.bǎ

(nous)-mêmes	tîm.bà-tì.bǎ
(toi)-même	fìnì-à.bǎ
mensonge	fà:- (7) fà:mà
mentir	(kî) pwóm.fà:mà
menton	làm.byà- (9/10) làmbyàlì/làmbyànà
mère	nā- (1/2) nā/nāmbà
messager	tòn- (1/4) tòndò/tòndɨ
mesurer	(kí) bì:gì
mettre	(kí) kpyênì
midi	yén.sìn- (3/4) yénsìnù/yénsìnì
miel	syâ- (12) syâdì
mil cf. *Rhaphis sorghum L.* (Poaceae)	
(petit) mil cf. *Pennisetum spicatum* L. (Poaceae)	
millet cf. *Digitaria longiflora* Pers. (Poaceae)	
mince	ɲílì
moment	mōlā.mōlā
moment (le)	gěd- (7) gědmà
monnaie	líg- (4) lígí
monter	(kí) dò
monter à cheval	(kí) jágànì
montrer	(kí) wânì
mordre	(kí) ɲêdì
mort	kû:- (7) kû:mà
mou	dí:ngì
mouche *sp.*	sí:- (5/4) sí:gà/sî:
moudre	(kí) bàlì
moule (le)	nâ:- (9) nâ:lì
mourir	(kí) kpē
mousse (de savon, de bière, etc...)	pûpū- (12) pûpūdì
moustache	ɲwá.kòb- (11/12)ɲwákòbgù/ɲwákòbdì
moustique *sp;*	jù- (1/4) jùmò/jùmì
mouton	pyà- (1/4) pyà/pè
moyen	sâ.yō.bì- (9/10) sâyōbìlì/sâyōbà
mur	būl- (3/4) būlū/būlī
Mus musculus Linné (Murideae)	dàpùl- (1/4) dàpùlò/dàpùlì *n.v.* souris
musulman	mwá- (9/10) mwálì/mwálà

n

nager	(kí) dúgì
naja cf. *Naja nigricollis* Reinhardt (Elapideae)	
Naja nigricollis Reinhardt (Elapideae)	dúdùl- (1/4) dúdùlò/dúdùlì *n.v.* Naja
narine	myá.bòn- (3/4) myábònù/myábònì (nez + trou)
natte	1. kà:- (11/12) kà:gù/kà:dì 2. pîn- (11/12) pîngù/pîndì
Necrosyrtes monachus Temminck (Falconideae / Aegypiineae)	yōbìl- (1/4) yōbìlò/yōbìlì *n.v.* charognard
néré cf. *Parkia biglobosa* (P.B.) Benth. (Mimosaceae)	
neuf	pá:nì
neuf (9)	yǎ
nez	myá- (3/4) myánù/myánì
nid	têd- (5/6) têdgà/têdmū
nier	(kí) ɲâ
noir	bwānì
nord	jènū
nourrisson	cán.pànī- (5/6) cánpànīgà/cánpànūmū
nourriture	jè- (7) jèmà
nuage	1. tà.yàd- (11/12) tàyàdgù/tàyàdà 2. tà.wà- (9/10) tàwàlì.tàwàlà
nuit	ɲâ- (11) ɲâgù
Numida meleagris Linné (Numidideae)	kpān- (1/4) kpānò/kpānì *n.v.* pintade commune

o

obscurité	bí:g- (9) bí:glì
odeur	nū:l- (3/4) nū:lū/nū:lī
oeil	nùn- (8/4) nùnbù/nùnì
oeuf	jên- (9/10) jênlì/jênà
ombre	1. swân- (4) swângù 2. jún.jùn- (11/12) júnjùngù/júnjùndì
oncle	yád- (1/2) yádù/yádbà

ongle	ná.yā- (11/12) náyāgù/náyādì
oreille	tūb- (9/10) tūblì/tūbā
orteil	tá.jèn.bí- (9/10) tájènbílì/tájèn-bílà (pied|oeuf|enfant)(oeuf|enfant) = clitoris du pied:orteil (pied-clitoris)
Orycteropus afer Pallas (Orycteropideae)	bád.mān- (1/4) bádmàndò/bádmàndì *n.v.* cochon de terre
os	kpáb- (9/10) kpáblì/kpábà
où	lê
oublier	(kí) súndí
ouest	dàpwòlì
ourlet	bá- (9/10) bálì/Bálà
ouverture	pà.gàd- (11/12) pàgàdgù/pàgàddì
ouvrir	(kí) pàgàdì
ouvrir un abcès	(kí) pìdì

P

pagne	kpà:l- (8/12) kpà:lbù/kpà:ldì
palissade	gwòn- (9/10) gwònlì/gwònà
palmier Rônier cf. *Borassus* L. (Arecaceae)	
panier	bā.bûd- (11/12) bābûdò/bābûddì
panse	pwô- (11/12) pwôgù/pwôdì
pantalon	kpàtà:- (9/10) kpàtà:lì/kpàtà:nà
Panthera pardus Linné (Felideae)	gân- (1/4) gânbò/gânbì *n.v.* 1. panthère d'Afrique 2. léopard
panthère d'Afrique cf. *Panthera pardus* Linné (Felideae)	
parce que	kīlīmà
Parkia biglobosa (P.B.) Benth. (Mimosaceae)	dú- (8/12) dúbù/dúdí *n.v.* néré
parler	(kí) má:dì
parole	mâ: (7) má:mà
partager	(kí) bwágdí
passant	sán.pèn- (1/10) sánpèndō/sánpèndā
patate cf. *Ipomaea batatas* L. (Neuropeltiseae)	
pâte de mil	sà:- (8/12) sà:bù/sà:dì
paume	ná.tà- (9/10) nátàlì/nátàlà

paupière — nún.gbā- (9/10) núngbālì/núngbānà
payer — (kí) pǎ
peau — gbân - (11/12) gbângù/gbândì
pêche — ján.kpà:n- (3/4) jánkpà:nū/jánkpà:nī

pêcher — (kí) kpâ:nì
pêcheur — ján.kpà:n- (1/2) jánkpà:nlō/ jánkpà:nbā
pénis — pûn- (9/10) pûnlì/pûnà
Pennisetum spicatum L. (Poaceae) — dí.wè- (4) díwè *n.v.* mil (petit)
percer — (kí) púdí
perdre (se) — kí byá
père — bâ- (1/2) bâ/bâmbà
personne — nùlúkúlī
petit — sâ:yō.bì- (5/6) sâyōbìgà/sâyōbìmū
petit — wá
petit (être) — (kí) wá
petit-fils/petite fille — ywǎ- (5/6) ywǎgá/ywǎmū
pétrir — (kí) nùgì
peu — wàmú
peur — jà.wà:n- (12) jàwà:ndì
peut-être — 1. ɓamà 2. ɓà:gà
Phaseolus sp. — tûn- (9/10) tûnlì/tûnà *n.v.* haricot
picorer — (kí) jògì
pied — tà:- (9/10) ɓa:lì/tà:nà
pied — tá.fà- (11/12) táfàgù/táfàdì
pierre — ɓan- (9/10) tânlì/tânà
pierre (de foyer) — fàn.tân- (9/10) fàntânlì/fàntánā
piétiner — (kí) ŋmà
piler — (kí) tō
piment cf. *Capsicum frutescens* L. (Solanaceae)
pintade commune cf. *Numida meleagris* Linné (Numideae)
piquer — (kí) mù
piquet — kpá:- (9/10) kpá:lì/kpá:mà
piqure — mû:d- (7) mû:dmà
pirogue — nún.byà- (11/12) núnbyàgù/núnbyàdì

piste	sām.bī- (9/10) sānbīlì/sānbīlà
place	fán- (7) fánmā
placenta	bà- (9/10- bàlì/bàlà
plaie	ná- (9/10) nálì/Nálà
planche	dā.pâ:- (11/12) dāpâ:gù/dāpâ:dì
plante (des pieds)	tâ.tà- (9/10) tâtàlì/tâtàlà
planter	(kí) ŋû
plein	gbyē
pleurer	(kí) búdì
plonger	(kí) dînì
pluie	tà:- (5/6) tà:gà/tà:mù
poignet	nú:byà- (5/6) núbyàgà/núbyàmū (main ǀ bracelet)
poil	kōb- (12) kōbdì
pointu	sólnì
pois *sp.*	tí:mwán- (9/10) tí:mwánlì/tí:mwánà
poison *sp.*	ɲòg- (3/4) ɲògù/ɲògì
poison de flèche *sp.*	lwâb- (12) lwâbdì
poisson d'eau douce *sp.*	1. sīn- (11/12) sīngù/sīndì 2. jà- (1/4) jàmò/jàmì 3. kpākpā:- (9/10) kpākpālì/kpākpā:nà
poitrine	bèn: (9/10) bènlì/bènà
porc	dwòl- (1/4) dwòlò/dwòlī
porte	búl.ɲwàb- (3/4) búlɲwàbù/búlɲwàbì (mur ǀ bouche)
porter	(kí) tùgí
porter (sous le bras)	(kí) kpàbì
porter (sur l'épaule)	1. (kí) bàlì 2. (kí) bùgì
poser	(kí) bílí
pot (petit)	sà:n- (5/6) sà:ngà/sà:nmù
pot (de terre utilisé pour la cuisine)	sà:n- (9/10) sà:nlì/sà:nà
poterie cassée (morceau de)	cácá- (11/12) cácágù/cácádì
potier	bób.mà:- (1/10- bóbmà:lò/bóbmà:dà
pou *sp.*	gá:n- (1/4) gá:nò/gá:ní
poule domestique	kō.kòl- (1/4) kōkòlò/kókòlì
pour	kī
pourquoi	béyò

pourrir	(kí) gbèdì
pousser	(kí) túdí
poussière	1. tán.gūn- (11) tángūngù
	2. wág- (7) wágmà
pouvoir	(kí) fídí
prendre	(kí) tâ
prendre (un nourrisson à soi)	(kí) m̄wádí
proche	nāgā
proclamer	(kí) jè
profond	ŋwǎ
promise	tógónà- (1/2) tógónà/tógónānbà
propriétaire	dā:n- (1/2) dā:nò/dānbā
provoquer	(kí) cídí
pubis	pwàn.tìn- (5/6) pwàntìngà/pwàntìnmū
puce *sp.*	1. yàn.sōb- (3/4) yànsōbū/ yànsōbī
	2. kpán.kpàb- (9/10) kpánkpàblì/ kpánkpàbà
puer	(lí) nû
puit	câ- (9/10) câlì/cânà
pus	bì:- (12) bì:dì
python	1. wá.cà- (1/4) wácàmò/wácàmì
	2. bwál- (1/4) bwálò/bwálí

q

quarante	pí.nà
quatre	nâ
queue	jó- (9/10) jólì/jólà
qui	ŋmé
quoi	gbê

r

racine	jî:n- (3/4) jî:nù/jî:nì
	syn. tendon
rachitique (être)	(kí) síndí
racler	(kí) kwàdī
raconter	(kí) tógódì

rat cf. *Rattus sp.* (Murideae)	
rat de Gambie cf. *Cricetomys gambianus* Waterhouse (Murideae)	
rattraper	(kí) nândì
Rattus sp. (Murideae)	lwàl- (1/4) lwàdò/lwàlī *n.v.* rat
recevoir	(kí) gà
recherche	wál- (7) wá:lmā
récolter	(kí) tá:dì
refuser	(kí) yê
rein	cā.yà:n- (9/10) cāyà:nlì/cāyà:nà
remorquer	(kí) ŋwálì
remplir	(kí) gbyéní
remuer	(kí) sāgī
repos	fwódí- (7) fwódímà
reposer (se)	(kí) fwôdì
respiration	fwō- (7) fwōmà
respirer	(kí) fwǒ
ressembler	(kí) nà:nā
ressusciter	(kí) fwôdí
retourner	(kí) lébídí
rêver	(kí) dángì
rêves	dà:n- (12) dà:ndì
Rhaphis sorghum L. (Poaceae)	dì- (4) dì - n.v. mil
rien	1. fānmà 2. pú
rire	(kí) là
rivière	lwā- (9/10) lwālì/lwānà
riz	mù:l- (4) mù:lī
rocher	tân- (11) tângù
ronflement	gwá.ŋūn- (10) gwáŋūnà
rosée	mâ:n- (11) mâ:ngù
rotule	dún.yù- (9/10) dúnyùlì/dúnyùlà (genou - tête)
rouge	mwānì
route (grande)	sān.bìn.bì-(9/10)sānbìnbìlì/sānbìnbìnā
route sinueuse	sân.gō.līn-(11/12)sângōlīngù/sângōlīndì
route sinueuse (petite)	sân.gō.līn-(3/4)sângōlīnù/sângōlīnì
rugueux	sá:gì

S

sable	tán.bî- (7) tánbîmà
sacrifice	pàd- (9/10) pàdlì/pàdà
saisir	(kí) múmúní
sale	jwágánì
salive	ɲé.sàn- (11/12) ɲésàngù/ɲésàndì
saluer	(kí) cābī
salutations	fwôn- (12) fwòndì
sang	swâ- (7) swâmà, sang
sarclage	cǎ:cà- (11/12) cǎ:càgù/cǎ:càdì
savoir	(kí) bàndī
scarification faciale	cō- (1/4) cō/cē
Sclerocarya birrhoea (A. Rich) Hochst (Anacardiaceae)	nà.mā- (8/12) námābù/námādī
scorpion *sp.*	nà- (1/4) nàmò/nàmì
sec	kwónì
sécher	(kí) kûdì
secouer	(kí) ywàgì
sein	bì:- (9/10) bì:lì/bì:nà
sel	yà:- (7) yà:mà
selle	gà:- (9/10) gà:lì/gà:nà
semer	(kí) bùlì
sentier	sân.bī.lī- (5/10) sâmbīlīgà/sâmbīlà
sentir	(kí) núbì
séparer	(kí) pâ:dī
sept	lèlē
serpent *sp.*	wà- (1/4) wà/we
sésame cf. *Sesamum indicum* L. (Bignoniaceae)	
Sesamum indicum L. (Bignoniaceae)	ɲè- (4) ɲè, n.v. sésame
seul	bābā
sève	sîn- (11/12) sîngù/sîndì
si	yā
sifflement	fwò- (4) fwònī
siffler	(kí) fwónì
silencieux	swő:
singe *sp.*	ŋmà:- (1/4) ŋmà:mò/ŋmà:mī
singe mâle *sp.*	ŋmān.jwā- (1/12) ŋmānjwā/ŋmānjwādì
six	lwŏ.bà
soeur cf. frère	

soleil	yên- (3/4) yênù/yênī
soif	ɲū.ɲûl- (3) ɲū ɲûlù
soir	yén.jwò- (11/12) yénjwògù/ yénjwòdì
sommeil	gwâ- (7) gwâmà
sorcier	swán- (1/2) swánò/swánbà
sortir	kí ɲà
soulever	(kí) yǔgúdí
souffler	1. (kí) fìgì 2. (kí) pyèbì
soulier	tâ.wōg- (9/10) tâwōglì/tâwōgà
soupe (sorte de)	nân.ɲù- (7) nânɲùmà (viande - jus)
sourcil	nún.kòb- (11/12) núnkòbgù/ núnkòbdì (oeil.poil) cf.cil
sourd	wò- (1/4) wòmò/wòmì
sourd-muet	mûl- (1/4) mûlō/múlì
souris cf. *Mus musculus* Linné (Murideae)	
sous	tì;pō
souvenir	tyád- (7) tyádmà
souvenir (se)	(kí) tyádí
sperme	pún.ɲī) (7) púnɲīmà (pénis - eau)
Sterculia acuminata P.B. (Sterculiaceae) (fruit de)	gwò- (9/10) gwòlì/gwònà
sucer	(kí) mwǎ
sud	gànù
suivre	1.(kí) tàgànì 2. (kí) ŋwâdì
sur	pò
surprendre	(kí) lùdì
surprise	lùd- (7) lùdmà

t

tabac	táb- (1) tábò
tailler	(kí) kpyè
talon	1. tá.tín.dí- (9/10) tátíndílì/ tátìndà 2. tà.jèn.tín.dí- (9/10) tàjèntíndí-lì/tàjèntíndà

Tamarinier cf. *Tamarindus indica* L. (Caesalpiniaceae)	
Tamarindus indica L. (Caesalpiniaceae)	púg- (8/12) púgbù/púgdī *n.v.* tamarinier
tambour à deux peaux	gángà- (9/10) gángàlì/gángànà
tambour d'aisselle	lôn- (5/6) lôngà/lônmù
tamiser	(kí) yógì
tante	pwò- (9/10) pwòlì/pwònā
tâter	(kí) tā:bì
taureau *sp.*	1. nǎ.Tòn- (9/10) nátònlì/nátònà 2. ná.jà- (9/10) nájàlì/nájàlà
tempe	yâ:- (11/12) yâ:gù/yâ:dì
tendon cf. racine	
tendon d'Achille	tá.jìn- (3/4) tájìnū/tájìnī, (jambe - tendon)
tendre	(kí) tâ:ndì
ténèbres	bón.bōn.bìg- (9) bónbōnbìglì
termite sp.	càn.càg- (9/10) càncàglì/càncàgà
termite (petite) *sp.*	tú:n- (1/4) tú:nò/tú:nī
termite (grande) *sp.*	kûd- (9/10) kûdlì/kûdà
termitière (petite)	tú:- (9/10- tú:lì/tú:nà
termitière (grande)	kúd.bèd- (11/12) kúdbèdgù/kúdbèddì
terre (poussière de)	tá- (7) támà
terre	tìn- (5) tìngà
terre battue	tán.gbān- (11) tángbāngù
testicule	kòn.cà.bī- (9/10)kòncàbīlì/kòncàbīlà
tête	yū- (9/10) yūlì/yūlà
téter	(kí) ŋàdī
tirer	1. (kí) dàdì 2. (kí) cà
tisane *sp.*	ŋâ:- (11/12) ŋâ:gù (ŋâ:dì
tisser	(kí) lúgì
tisserant	lúgùd- (1/4) lúgùdò/lúgùdì
tissu	túlú-(3/4) túlúmú/túlúmí
tissu (morceau de)	pápà- (11/12) pápàgū/pápàdī
tissu en bande	cáb- (9/10) cáblī/cábā
tombe	tàkù- (9/10) tàkùlì.tàkùlà
tomber	(kí) bā
torche (en paille pour enfumer les abeilles)	kàd- (3/4) kàdū/kàdī
torchis	tán- (12) tándì

tordre	(kí) mágì
tortue *sp.*	kún.kù- (9/10) kúnkùlí/kúnkùlà
toucher	(kí) sì
toujours	dālén.kúlì
tourner	jílnì
tourterelle *sp.*	kpá.Jè- (5/6) kpájègà/kpájèmù
tous	bī.kú.lî
tout	īi kúlì
toux	kpà:l- (3) kpà:lū
traduire	(kí) swàgnì
transvaser	(kí) lyê:bì
travailler	(kí) swànì
travail	twòn- (9/10) twònlì/twònā
trente	pí.tà
tresser	(kí) lû
tricher	(kí) jânbì
trois	tà
troisième	tâ:- (7) tâ:mà
trompe (d'éléphant)	fíl- (1/4) fítō/fílí
tronc	tì.ɲā- (9/10) tìɲālì/tìɲānà
trou	bôn- (9/10) bônlì/bônā
troubler	(kí)gbìdì
trou d'eau	ɲǔn.bwô- (5/6) ɲǔnbwôgà/ɲǔnbwômù
trouver	1. (kí) swànì
	2. (kí) pí:dí
tuer	(kí) kpâ
Tyto alba affinis Blyth (Strigiformeae)	
n.v. effraie	jù:- (9/10) jù:lì/jù:nà

u

un	yèn.dó
untel	ŋmāŋmā
urine	ɲá- (7) ɲámà
uriner	(kí) ɲánì
usé	cádì
utérus	mǎn- (5/6) mǎngá/mǎmú

V

vache	nwā.nwà- (1/4) nwānwà/ nwénwè
vagin	jén- (8/12) jénbū/jéndī
vapeur	wūl- (7) wūlmā
Varanus niloticus/Linné (Varanideae)	núg- (9/10) núglì.nûgá
vendre	(kí) kwádì
venir	(kí) cwâ
vent	1. fà:l- (3) fà:lū
	2. tà.fád- (3) tàfádù
ventre	túg- (3/12) túgù/túgdì
vérité	mómwàn- (4) mómwànì
verser	1. (kí) cābì
	2. (kí) wúlí
vert	nwāgū
vêtement	lyàd- (9/10) lyàdlì/lyàdā
viande	nán- (11/12) nángù/nándì
vider	(kí) wúdí
vie	myâ- (9/10- myâlì/myânà
vieillard	jā.kpúl- (1/10) jākpúlù/jākpílà
vièle monocorde	dúdù- (11/12) dúdùgù/dúdùdì
vieux	pélígá
vigueur	pà:l- (3) pà:lū
village	dō- (1/4) dō/dwě
village natal du père	bâ.dó- (11) bâdógû (père - village)
vingt	pí.lyè
vision	jág- (9/10) jáglì/jágà
voir	(kí) lā
voix	ɲâl- (3/4) ɲálú/ɲálí
voler	(kí) yúgì
voler qqch.	(kí) sú
voleur	sûgùd- (1/10) sûgùdò/sûgùdā
vomir	(kí) sì
vomissements	sì:n- (12) sì:ndì
vouloir	(kí) bwā

X

Xerus erythropus maestus Thomas (Sciurideae)

. sà.cì- (5/6) sà:cìgā/sàcì:mù

f.l. écureuil fouisseur
rat palmiste

Z

Zea mays L. (Poaceae)

kó.kòd- (9/10) kókòdlì/kókòdà

n.v. maïs

Bibliographie sommaire

BOUQUIAUX, L., 1970, *La langue birom (Nigeria septentrional)*, Société d'édition "Les belles lettres", Paris, 520 p.

BRYAN, M.A. et WESTERMANN, D., 1952, *Languages of West Africa*, O.P.U., Londres.

DELPLANQUE, A. et OUOBA, B., 1979, Les classes nominales en gulmacema, *Afrique et Langage*, n° 11, p. 5 à 27.

GREENBERG, J., 1963, *The languages of Africa*, Mouton, La Haye.

MANESSY, G., 1971, Les langues gurma, *Bulletin de l'IFAN*, Tome XXXIII, série B, n° 1, p. 117 à 246.

— 1975, *Les langues oti-volta, classification généalogique d'un groupe de langues voltaïques*, SELAF (TO 15), Paris, 314 p.

TERSIS, N., 1967, *Essai pour une phonologie du gurma parlé à Kpana (Nord-Togo)*, Bulletin de la SELAF, 4, Paris, 74 p.

TABLE DES MATIERES

Duplication SELAF